G

10691

BIBLIOTHÈQUE

PORTATIVE

DES VOYAGES.

TOME X.

CONDITIONS DE LA SOUSCRIPTION.

L'ouvrage sera publié en 12 *livraisons*, qui seront mises en vente de mois en mois, à dater du 15 *Mai* ; chaque livraison sera composée de 4 volumes ; la dernière seule en aura 5, et sera néanmoins du même prix que les précédentes.

Le prix de chaque livraison, pour les personnes qui souscriront avant le 1er *Juillet prochain*, est fixé, sur papier fin, à . . 5 fr.

Papier d'Angoulême, Nom-de-Jésus . 8

Papier vélin satiné, fig. avant la lettre. 10

Papier vélin satiné, Nom-de-Jésus, figures avant la lettre 15

Passé le 1er Juillet, le prix pour les non-souscripteurs, sera, en papier fin. 6

Papier d'Angoulême, Nom-de-Jésus. 10

Papier vélin satiné 12

Papier vélin satiné, Nom-de-Jésus . 20

Il faut ajouter 1 fr. 50 c. au prix de chaque livraison pour recevoir l'ouvrage franc de port par la poste.

ON NE PAYE RIEN D'AVANCE.

DE L'IMPRIMERIE DE G. MUNIER.—AN VII.

BIBLIOTHEQUE

PORTATIVE

DES VOYAGES,

TRADUITE DE L'ANGLAIS

Par MM. HENRY *et* BRETON,

TOME X.

~~~~~~~~

VOYAGE DE NORDEN.

TOME I.

PARIS,

CHEZ LA V.e LEPETIT, libraire, rue
Pavée-Saint-André-des-Arcs, n.º 2.

1817.

VOYAGE

D'ÉGYPTE

ET DE NUBIE.

PREMIÈRE PARTIE,

Contenant la description de l'ancienne Alexandrie.

L'ANCIENNE Alexandrie a été sujette à tant de révolutions, et si souvent ruinée, qu'on auroit aujourd'hui de la peine à la retrouver, si la situation de ses ports et de quelques monumens antiques, ne nous en indiquoit pas la véritable place.

Tome I.   **A**

Le vieux et le nouveau port sont présentement ce qu'on appeloit autrefois les ports d'Afrique et d'Asie. Le premier est réservé aux Turcs : le second est abandonné aux Européens. Ils diffèrent l'un de l'autre , en ce que le vieux est bien bien plus net et bien plus profond que le nouveau , où l'on est obligé de mettre , de distance en distance , des tonneaux vides sur les cables ; afin qu'ils ne soient pas rongés par le fond , qui est pierreux.

L'entrée du nouveau port est défendue par deux châteaux d'une mauvaise construction turque , et qui n'ont rien de remarquable que leur situation , ayant succédé à ses édifices très-renommés dans l'histoire.

Celui qu'on appelle le grand Pharillon (*voy*. pl. II.) a , au milieu,
une petite tour dont le sommet se
termine par une lanterne , qu'on
allume toutes les nuits , mais qui
n'éclaire pas beaucoup , parce que
les lampes en sont mal entretenues. Ce château a été bâti sur l'île
de Phare , qu'il occupe tellement ,
que, s'il y a encore quelques restes
de cette merveille du monde , que
Ptolomée y avoit fait élever , ils
demeurent entièrement cachés. Il
en est de même de l'autre château ,
connu sous le nom de petit Pharillon. Il ne présente aucun vestige de la célèbre bibliothèque ,
qui, dans le temps des Ptolomées ,
étoit regardée comme la plus belle
qu'on eût jamais vue.

Chacune de ces deux îles est attachée à la terre ferme par un môle. Celui de l'île de Phare est extrêmement long. Il m'a paru avoir trois mille pieds d'étendue, et être fait, partie de brique, partie de pierres de taille. Il est voûté dans toute sa longueur ; ses cintres sont à la gothique, et l'eau peut passer dessous.

Le môle, qui donne passage au petit Pharillon, n'a rien de particulier que deux zig-zacs, qui, en cas de besoin, peuvent servir à sa défense.

Les Pharillons et leurs môles, l'un à la droite, l'autre à la gauche du port, conduisent insensiblement à terre ; mais il est bon d'avertir que précisément à l'entrée du port,

on trouve des rochers, les uns au-
dessus, les autres au-dessous de
l'eau, et qu'il faut éviter soigneuse-
ment. Pour cet effet, on prend des
pilotes turcs, qui viennent à la
rencontre des vaisseaux hors du
port. On est alors assuré de mouil-
ler en sureté, avec les autres vaisseaux, qui sont affourchés tout le
long du grand môle, comme dans
l'endroit le plus profond.

Rien n'est plus beau que de voir,
de là, ce mélange de monumens
antiques et modernes, qui, de
quelque côté qu'on se tourne, s'offrent à la vue. Quand on a passé
le petit Pharillon, on découvre une
file de grandes tours, jointes l'une
à l'autre par les ruines d'une épaisse
muraille. Un seul obélisque debout

a assez de hauteur, pour se faire remarquer dans un endroit où la muraille est abattue. Si l'on se tourne un peu plus, on s'aperçoit que les tours recommencent; mais elles ne se présentent que dans une espèce d'éloignement. La nouvelle Alexandrie figure ensuite avec ses minarets; et au-dessus de cette ville, mais dans le lointain, s'élève la colonne de Pompée, monument des plus majestueux. On découvre aussi quelques autres tours, et des collines qui semblent être de cendres. Enfin la vue se termine à un grand bâtiment carré, qui sert de magasin à poudre, et qui joint le grand môle.

Après avoir mis pied à terre, nous traversâmes la ville Neuve, et nous prîmes la route de l'obélisque ; et à peine s'en est-on approché, qu'on en voit à côté un autre, renversé depuis long-temps, et qui se trouve presque tout enterré.

Celui qui est debout, et qu'on appelle encore aujourd'hui l'Obélisque de Cléopâtre, indique que c'est là l'endroit où étoit le palais de cette reine, auquel on donne aussi le nom de palais de César. Il ne reste d'ailleurs aucun vestige de ce superbe bâtiment.

L'obélisque de Cléopâtre est situé, presque au milieu, entre la nouvelle ville et le petit Pharillon. Sa base, dont une partie est enterrée, (1) se trouve élevée de

(1) L'obélisque de Cléopâtre, selon

vingt pieds, au-dessus du niveau de la mer. Entre ce monument et le port, règne une épaisse muraille, flanquée, à chaque côté de l'obélisque, d'une grande tour. Tout le devant de cette muraille, jusques bien avant dans le port, est rempli d'une infinité de débris de colonnes, de frises, etc., qui ont appartenu à un édifice superbe. Ils sont de diverses sortes de marbres,

selon un des architectes attaché à l'expédition d'Egypte, est enterré de quinze pieds dans le sable. Il a soixante-trois pieds de hauteur.

L'autre obélisque, de même proportion, est à vingt-cinq pas de là, et tous deux sont à dix toises de la mer.

(*Relation de l'expédition d'Egypte, par Charles Norry.*)

et j'y ai aperçu du granit et du vert antique. Du côté de la terre l'obélisque a une très-grande plaine que l'on a souvent fouillée.

Quant à l'obélisque en lui-même, il est d'une seule pièce de marbre granit. Il n'y a que deux de ses faces, qui soient bien conservées; les deux autres sont frustes, et l'on y voit à peine les hiéroglyphes dont elles ont été couvertes anciennement.

L'obélisque renversé paroît avoir été cassé; mais ce qu'on déchiffre de ses hiéroglyphes fait juger qu'il offroit les mêmes figures, et dans le même ordre que celles de l'obélisque qui est debout.

Quelques auteurs ont écrit que l'un et l'autre se trouvoient de leur

temps dans le palais de Cléopâtre;
mais ils ne disent point qui les y
avoit fait mettre. Il est à croire que
ces monumens sont bien plus anciens que la ville d'Alexandrie, et
qu'on les fit apporter de quelque
endroit de l'Egypte, pour l'ornement de ce palais. Cette conjecture
a d'autant plus de fondement, qu'on
sait que, du temps de la fondation
d'Alexandrie, on ne faisoit plus de
ces monumens couverts d'hiéroglyphes, dont on avoit déja perdu
depuis long-temps et l'intelligence
et l'usage.

J'ai déja dit, qu'au - devant de
l'obélisque, on trouve une grande
quantité de différens marbres. Ce
n'est que parce qu'ils sont dans la
mer qu'ils restent là. Il n'en a pas été

de même de ceux qui en tombant,
demeurent sur la terre. On en a
enlevé une partie pour les transporter ailleurs ; et le reste a été
employé dans la nouvelle Alexandrie. Il n'y a donc pas lieu d'être
surpris, si dans l'espace que nous
allons parcourir, on ne découvre
plus de ruines d'une matière si
rare. On n'y aperçoit effectivement que des ouvrages de briques,
cuites au feu, et très-dures. Ils méritent pourtant notre attention,
puisqu'ils se présentent avec un air
d'antiquité. Quelques canaux voû-
tés, ouverts, et en partie comblés; des
appartemens à demi détruits ; des
murailles entières renversées, sans
que les briques se soient détachées;
tout cela prouve que ce ne sont pas

des ouvrages d'une construction
moderne. Par malheur, ces ruines
forment un chaos si confus, qu'on
ne sauroit se faire une juste idée
des édifices qui étoient dans ce
quartier. Tout ce qu'on peut s'i-
maginer, c'est que ces bâtimens ap-
partenoient au palais, et qu'ils
étoient employés à différens usages,
c'est-à-dire, qu'ils servoient d'é-
goûts de maisons particulières, de
corps-de-garde, etc.

La curiosité ne va pas plus loin
de ce côté-là. Il y auroit encore
à examiner le petit Pharillon ; mais
la garnison n'en permet point l'entrée. Il faut prendre le parti d'aller considérer ce que c'est que ces
grandes tours, jointes par des murailles si épaisses ; et l'on n'a nulle
peine

peine à concevoir que c'est l'enceinte de l'ancienne Alexandrie
(*Voy.* pl. IV). Ces tours, qui
forment comme des boulevards,
ne sont pas toutes d'une égale grandeur, d'une même figure, ni d'une
même construction. Il y en a de
rondes, d'autres sont carrées ;
quelques-unes ont la figure d'une
ellipse ; et celles-ci se trouvent
quelquefois coupées par une ligne
droite dans un de leurs côtés.

Elles diffèrent de même dans leur
intérieur. Généralement parlant,
l'entrée de ces tours est fort petite et
fort étroite, et donne sur la courtine,
ou la muraille de jonction. Leurs
différens étages sont formés par des
voûtes, supportées quelquefois par
une colonne, quelquefois par plu-

Tome I. B

sieurs ; et il y en a même qui sont soutenues par un large pilier. Les embrasures , qui règnent tout à l'entour de ces boulevards , sont étroites et s'élargissent en dedans. Elles ressemblent à celles qu'on voit à plusieurs anciens châteaux en Angleterre. Toutes les tours sont bâties de pierres de taille , et d'une architecture très - massive. Dans la partie la plus basse, on remarque , tout à l'entour , et de distance en distance , des fûts de colonnes , de différentes sortes de marbres , et placés de façon que quand on les voit de loin , on les prend pour des canons qui sortent de leurs embrasures.

Les murailles , qui font la jonction des tours, ne sont pas non plus, par-tout, d'une même largeur, d'une même hauteur, ni d'une même construction. Quelques - unes peuvent avoir vingt pieds d'épaisseur, tandis que d'autres en ont plus ou moins. Leur hauteur va de trente à quarante pieds.

Les tours, comme les murailles, au moins celles qu'on peut voir, sont toutes fort endommagées, et dans plusieurs endroits ruinées entièrement.

Tout porte à croire que l'enceinte de l'ancienne Alexandrie n'a été faite, que quand les Sarrasins, après avoir ruiné cette ville, se trouvèrent dans l'obligation de s'y fortifier, pour profiter de l'avantage des ports; et que de tout le terrain qu'elle avoit occupé, ils n'en renfermèrent qu'autant qu'il leur en falloit alors , pour leur défense et pour la sureté de leur commerce.

Après avoir fait le tour de l'ancienne ville , il convient de voir ce qui est renfermé dans son enceinte , où l'on ne trouve guère aujourd'hui que des ruines et des décombres , si l'on en excepte un très - petit nombre de mosquées , d'églises , de jardins et quelques citernes , qu'on peut regarder comme entières , puisqu'elles sont encore assez bien entretenues, pour fournir de l'eau à la nouvelle ville.

Les deux églises de Saint-Marc et de Sainte-Catherine, situées à peu de distance de l'obélisque de Cléopâtre, sont desservies par des prêtres grecs et par des prêtres coptes. Elles se ressemblent si fort l'une l'autre, qu'une seule description suffira pour toutes les deux. Elles n'ont rien de respectable, que le nom d'église ; et elles sont si obscures, si sales et si remplies de lampes, qu'on les prendroit plutôt pour des pagodes, que pour des temples où le vrai Dieu est adoré.

Celle de Saint-Marc n'a rien de particulier qu'une vieille chaire de bois, qu'on fait passer, si je m'en ressouviens bien, pour celle de l'évangéliste dont l'église porte le nom. Ce que je puis garantir, c'est que le saint évangéliste est infiniment mieux logé dans son

B 3

église à Venise que dans celle d'A-
lexandrie.

Dans l'église de Sainte-Catherine, on montre, avec grande vénération, un morceau de colonne
sur laquelle on prétend que cette
sainte eut la tête coupée ; et quelques taches rouges qu'on y fait remarquer, sont, dit-on, des gouttes
de son sang.

Au voisinage de cette église on
rencontre la butte de Sainte-Catherine, qui est une colline formée
des murs de la ville. Il y en a encore une autre de même espèce et
de même grandeur. Toutes deux
ont été fouillées et refouillées si souvent, que ce ne sont proprement
que des tas de poussière. On n'y
trouve rien que quand il a plu.

L'écoulement des eaux laisse alors à découvert quelques pierres gravées, ou autres petites choses, qui ont échappé à la vue de ceux qui ont fouillé les premiers, ou qu'ils ont rejetées, comme peu dignes de leur attention.

Avant que de sortir de la ville, je jetai les yeux sur quelques fûts de colonnes de marbre granit, qui sont encore debout sur le chemin qui conduit à la porte de Rosette. Elles ne nous apprennent rien, sinon que toute cette longue rue doit avoir eu, de chaque côté, des portiques pour se promener près des maisons et à l'abri. Ce qui en reste, fait juger qu'elles étoient toutes de même grandeur: mais il n'est pas aussi facile de décider si elles étoient de quelque ordre d'architecture, ou faites dans le goût égyptien. Elles sont enfoncées d'un tiers dans la terre, et toutes ont perdu leur chapiteau. Elles ont la surface unie, et la circonférence plus grande vers le bas que vers le haut.

Après avoir suivi le chemin qui conduit à la porte de Rosette, je passai cette porte pour me rendre à la belle colonne, appelée communément la colonne de Pompée. Elle est placée sur une hauteur d'où l'on a deux belles vues : l'une donne sur Alexandrie ; l'autre, sur le terrain bas qui s'étend le long du Nil, et qui environne le calisch ou canal, creusé au-dessus de Rosette, pour porter l'eau du Nil à Alexandrie.

La colonne de Pompée ne doit pas être proprement un monument égyptien, quoique la matière dont elle est faite, ait été tirée des car‑rières du pays. C'est probablement la plus grande et la plus magnifique colonne qu'ait produit l'ordre co‑rinthien (1). Le fût est d'une seule

(1) Ce monument présente un ordre corinthien, et est divisé en quatre par‑ties, piédestal, base, fût et chapiteau. Un cercle de six pieds trois pouces de diamètre et déprimé de deux pouces, feroit croire qu'il y a eu autrefois un socle dessus, portant peut‑être la figure du héros, à qui on avoit élevé cette colonne; mais ceci n'est qu'une conjec‑ture.

Le piédestal a dix pieds de hauteur; la base, cinq pieds, six pouces, trois lignes; le fût, soixante-trois pieds; un

pièce de marbre granit; le chapiteau est d'une autre pièce de marbre, et le piédestal, d'une pierre

pouce, trois lignes; le chapiteau, neuf pieds, dix pouces, six lignes.

Le diamètre de la colonne est de huit pieds, quatre pouces dans sa partie inférieure, et de deux pieds, sept pouces, huit lignes, près de l'astragale. La hauteur totale est de quatre – vingt – huit pieds, six pouces.

(*Relation de l'expédition d'Egypte, par Charles Norry.*)

Des marins anglais, au rapport de M. Eyles Yrwin, et quatre ans avant son voyage en Egypte, qui eut lieu en 1780, montèrent sur le chapiteau de la colonne de Pompée. Pour y parvenir, ils employèrent le même moyen qu'en dernier lieu les Français. Juchés à cette énorme

grise, approchant du caillou pour la dureté et pour le grain.

Quant à ce qui est du fonde-

hauteur, ils burent du punch au bruit des applaudissemens de la multitude étonnée. Ils y étoient au nombre de huit, et fort à l'aise. L'unique dommage que cette visite causa à la colonne, fut la chûte d'une de ses volutes, qui tomba par terre, avec un bruit effroyable, et fut emportée en Angleterre. Les Anglais, selon le même M. Yrwin, découvrirent qu'il y avoit autrefois sur cette colonne, une statue, dont il reste (ou restoit alors) un pied cassé au-dessus de la cheville. (*Voyage à la mer Rouge, par Eyles Yrwine*, tome II, page 155 et suivantes.) L'arabe Aboufelda nomme ce monument, Colonne de Sévère. L'histoire nous apprend de plus que ce prince visita l'Egypte, et donna un sénat à la ville d'Alexandrie.

ment sur lequel pose le piédestal, on le trouve ouvert d'un côté. Un Arabe ayant, dit-on, creusé sous ce fondement, y mit une boîte de poudre, afin de faire sauter la colonne en l'air, et de se rendre maître des trésors qu'il croyoit enterrés dessous. Son entreprise échoua. La mine s'éventa, et ne dérangea que quatre pierres qui faisóient partie du fondement, dont les trois autres côtés restèrent entiers. L'unique bien qui en résulta, fut que les curieux étoient désormais en état de voir quelles pierres on avoit employées à ce fondement. J'y ai remarqué une pièce de marbre blanc oriental, toute chargée d'hiéroglyphes parfaitement conservés. Une autre grande pièce,

qui

qui n'est pas sortie de sa place, et qui demeure pourtant à découvert, est d'un marbre de Sicile, jaunâtre et tacheté de rouge. Elle a également ses hiéroglyphes, mais très-endommagés. Un morceau d'une petite colonne avoit encore servi à ce fondement, ainsi que quelques autres morceaux de marbre qui n'ont rien de remarquable.

Ce qui a été enlevé du fondement, laisse, tout au plus, un vide de trois pieds au-dessous du piédestal, et le milieu, ainsi que les trois autres côtés restent dans leur première solidité.

Après avoir considéré la colonne de Pompée et les autres objets dont j'ai fait mention, il ne s'offre plus à la vue qu'une campagne rase.

On me dit néanmoins qu'il y a des catacombes dans le voisinage, et qu'un quart de lieue de chemin y conduit. Nous arrivons bientôt au lieu indiqué. Nous y entrons, et nous trouvons une longue allée souterraine qui n'a rien de particulier, et qui ne valoit pas la peine de nous y arrêter. Nous prîmes donc la route du calisch ou canal de Cléopâtre, qui fournit de l'eau à Alexandrie pendant toute l'année.

En descendant la colline, nous entrâmes dans une plaine toute couverte de broussailles, qui ne portent que des câpres; et, en avançant davantage, nous nous engageâmes dans un bois ou dans une forêt de dattiers. Leur fertilité fait voir qu'ils se ressentent du voisinage du calisch, dont les eaux leur sont portées par quelques canaux d'arrosement, pratiqués entre les arbres. Nous traversâmes le bois, et nous rencontrâmes enfin le calisch.

Les bord de ce canal sont couverts de différentes sortes d'arbres, et peuplés de divers camps volans de Bédouins ou d'Arabes errans. Ils sont là pour faire paître leurs troupeaux dont ils se nourrissent, vivant d'ailleurs dans une grande pauvreté. Tant qu'ils jouissent dans un lieu, du beau temps et de l'abondance, ils y demeurent; mais dès que vient la disette, ils décampent et vont chercher des endroits plus fertiles.

Le calisch, à ce que nous apprend l'histoire, fut pratiqué pour porter

C 2

les marchandises du Caire à Alexandrie, sans les exposer à passer le Bogaz ou l'embouchure du Nil, parce qu'elles auroient couru risque de s'y perdre. On y trouvoit encore une autre utilité, en ce que la ville d'Alexandrie, dépourvue d'eau douce, en recevoit abondamment par le moyen de ce canal. Aujourd'hui il est hors d'état de remplir ce double but. Creusé simplement dans la terre, sans être soutenu d'aucun revêtement de maçonnerie, il s'est enfin comblé. A peine y coule-t-il assez d'eau pour remplir les réservoirs nécessaires à la consommation de la nouvelle Alexandrie.

De tous les réservoirs dont on se sert aujourd'hui, celui qui est

voisin de la porte de Rosette, con-
serve le plus long-temps son eau,
apparemment parce qu'il est plus
bas que les autres. Quand il y en
a quelqu'un de vide, on a soin de
le nettoyer vers le temps de l'accroissement du Nil ; car il faut savoir que ces réservoirs ne peuvent
pas se vider d'eux-mêmes. Ils sont
faits pour recevoir l'eau et pour
la conserver, mais non pour la
laisser échapper. On les vide au
moyen de pompes à chaînes ou à
chapelets ; et lorsqu'on veut transporter l'eau à la nouvelle ville, on
en remplit des outres que l'on charge
sur des chameaux ou des ânes.

Les grottes sepulcrales commencent à l'endroit où finissent les
ruines de la nouvelle ville ; et elles

C 3

suivent , à une grande distance,
le long du bord de la mer. Elles
sont toutes creusées dans le roc ,
quelquefois les unes sur les autres,
quelquefois l'une à côté de l'autre,
selon que la situation du terrain l'a
permis. L'avarice les a fait ouvrir
toutes. Je n'en ai pas vu une seule
de fermée, et je n'ai absolument
rien trouvé en dedans. On juge
aisément , par leur forme, et par
leur grand nombre , de l'usage auquel on les avoit destinées. On peut
dire qu'en général , elles n'ont que
la largeur qu'il faut pour contenir
deux corps morts , à côté l'un de
l'autre. Leur longueur va , tant soit
peu au-delà de celle d'un homme ;
et elles ont plus ou moins de hauteur selon la disposition de la roche.

La plus grande partie a été ouverte avec violence, et ce qui en reste d'entier, n'est orné ni de sculpture, ni de peinture.

C'est là un champ trop stérile pour s'y arrêter davantage. Il vaut mieux jeter les yeux sur les petits enfoncemens du rivage, dont on se servit pour y pratiquer des retraites agréables, où l'on se divertissoit en prenant le frais, et d'où sans être vu, que quand on le vouloit bien, on voyoit tout ce qui se passoit dans le port. Quelques rochers qui s'y avancent, fournissoient une charmante situation; et des grottes naturelles qu'ils formoient, donnoient lieu d'y pratiquer, à l'aide du ciseau, de véritables endroits de plaisance. On

y trouve, en effet, des appartemens entiers de cette façon; et des
bancs ménagés dans le roc., offrent
des places, où l'on est à sec, et
où l'on peut se baigner dans l'eau
de la mer, qui occupe tout le fond
de la grotte. En dehors on avoit
de petits ports, par lesquels on
abordoit avec des bateaux, qui y
étoient à l'abri de toutes sortes de
vents. Si l'on vouloit jouir de la
vue du port, on trouvoit facile-
sur le roc, au-dehors de la grotte,
une place à couvert des rayons du
soleil. Toutes ces agréables retraites, qui sont en grand nombre,
n'ont d'ailleurs aucun autre ornement. Les endroits où le ciseau a
passé, sont unis; et le reste a la
figure naturelle du roc.

A trente ou quarante pas du bord
de la mer, et à l'opposite de la pointe
de la presqu'île, qui ferme le port,
on trouve un monument souterrain, auquel on donne communément le nom de temple. On n'y
pénètre que par une petite ouverture, sur la pente de la terre élevée,
qui borde le port de ce côté-là.
Nous y entrâmes munis de flambeaux, et nous fûmes forcés de
marcher courbés dans une allée
fort basse, qui, au bout d'une vingtaine de pas, nous introduisit dans
une salle assez large, et carrée. Le
haut est un plafond uni comme les
quatre côtés, et le bas est rempli
de sable, ainsi que des ordures
des chauve-souris, et des autres
animaux qui s'y retirent.

Ce n'est pas là proprement ce qu'on nomme le temple. On n'a qu'à passer une autre allée, et l'on trouve un souterrain de forme ronde dont le haut est taillé en voûte. Il a quatre portes, l'une à l'opposite de l'autre. Chacune d'elles est ornée d'une architrave, d'une corniche et d'un fronton, surmonté d'un croissant. Une de ces portes sert d'entrée; les autres forment chacune une espèce de niche, bien plus basse que le souterrain, et qui ne contient qu'une caisse, creusée dans le roc, et suffisamment grande pour renfermer un corps mort.

Le lecteur peut juger que ce qu'on donne dans le pays pour un temple, doit avoir été le tombeau de quelque homme puissant , ou peut-être même d'un roi. La galerie , qui continue au-delà de ce temple prétendu , semble annoncer qu'il y a plus loin d'autres édifices de même nature. L'opinion commune veut aussi qu'il y ait, dans le voisinage , de semblables souterrains ; mais ils ne sont point connus.

En montant au-dessus du même rocher , on rencontre de grands fossés. On ne sait ni leur destination , ni le temps où ils ont été creusés. Ils sont taillés perpendiculairement de la surface en bas , et peuvent avoir quarante pieds de profondeur sur cinquante de longueur et sur vingt de largeur. Leurs côtés sont fort unis , mais le fond est si rempli de sable, qu'à peine peut-on découvrir le haut d'un canal, qui, dans quelques-uns de ces fossés, semble devoir mener à quelque souterrain.

Il est naturel de supposer que la première Alexandrie tiroit son plus grand lustre de la destruction de Memphis ; et cette raison est d'autant plus probable, qu'il faut absolument un endroit, pour placer les ruines de cette grande ville dont il est à peine resté quelques vestiges, capables d'indiquer la place où elle étoit.

Ce que j'avois à dire sur l'ancienne Alexandrie finiroit ici ; mais je prévois que quelqu'un me demandera des nouvelles du tombeau d'Alexandre, du Sérapeum, du Museum

Museum ; 2°, et que d'autres iront peut-être jusqu'à vouloir que je donne un plan des quartiers de cette ancienne ville.

Pour répondre aux premiers, je dirai, que je me suis informé avec soin de ces édifices, et que j'ai fait bien des recherches pour connoître au moins la place où ils ont été élevés. Tous mes soins ont été inutiles, de sorte que si, au commencement de cet ouvrage, j'ai indiqué le Muséum dans l'endroit où est aujourd'hui le petit Pharillon, j'y ai été déterminé par ce qu'ont dit les LXX interprètes.

Le tombeau d'Alexandre, qui, au rapport d'un auteur du quinzième siècle, subsistoit encore,

Tome I. D

et étoit respecté des Sarrasins, ne se voit plus. La tradition même du peuple à cet égard est entièrement perdue. J'ai cherché sans succès ce tombeau, et je m'en suis inutilement informé.

Il en est de même du Sérapeum. Ses ruines (comme beaucoup d'autres) peuvent reposer sous quelqu'une des buttes dont j'ai fait mention. Mais je n'ai rien aperçu qui ait pu appartenir à ce temple superbe.

Quant à ce qui concerne le plan des quartiers de l'ancienne ville, c'étoit une tâche, qui passoit ma portée. Il n'y a pas assez de ruines sur pied, pour indiquer à chaque quartier sa véritable place. J'ai été obligé de me borner à marquer la situation des ports , et de laisser à chacun la liberté de tra-vailler au plan des quartiers , sui-vant les descriptions que les an-ciens nous en ont données.

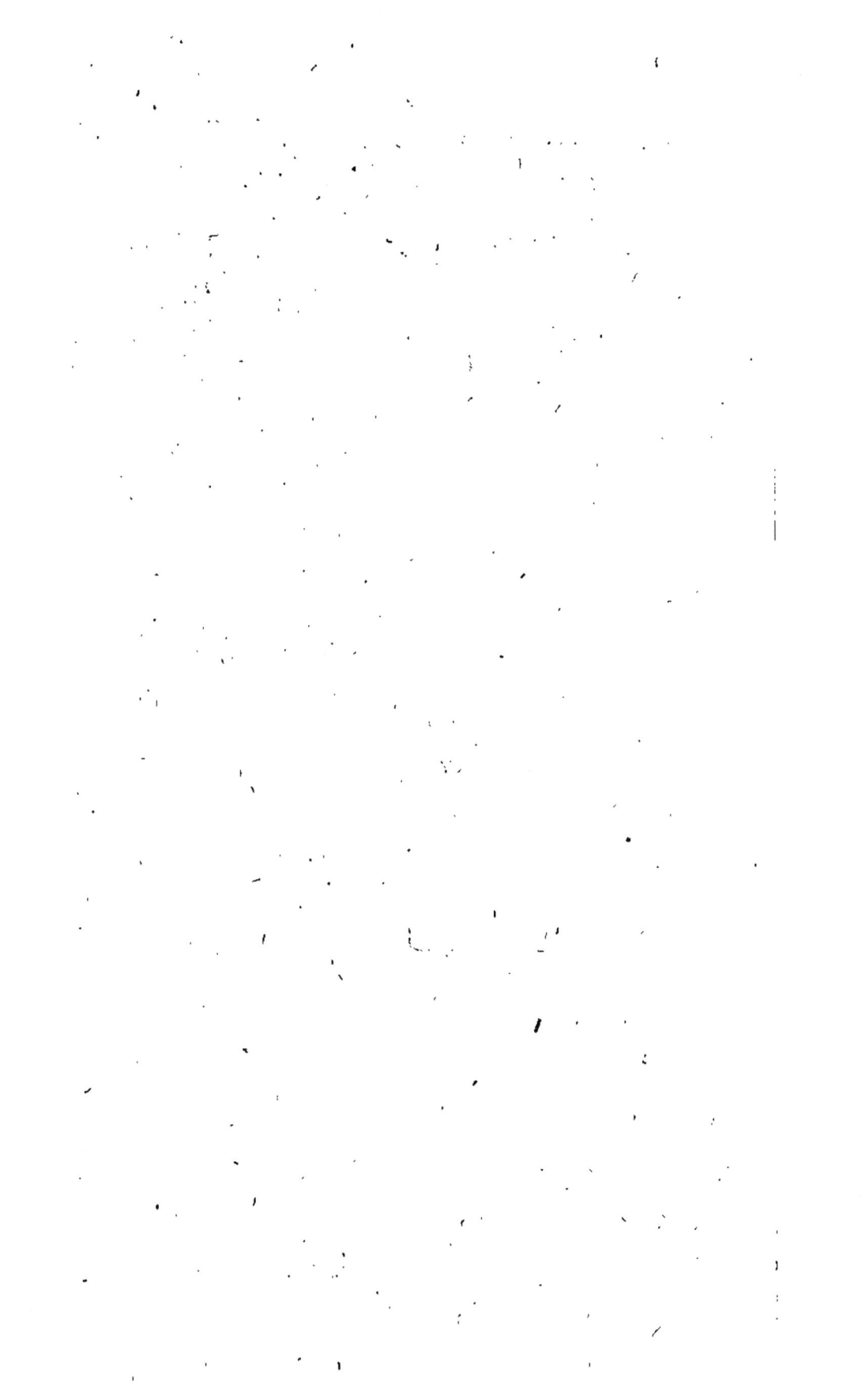

VOYAGE

D'ÉGYPTE

ET DE NUBIE.

SECONDE PARTIE,

Contenant la description de la nouvelle
Alexandrie.

La vaste étendue de l'ancienne
ville est bornée dans la nouvelle,
à une petite langue de terre entre
les deux ports. Les plus superbes
temples sont changés en des mosquées assez simples; les palais les plus
magnifiques, en des maisons d'une
mauvaise construction ; le siége

D 3

royal est devenu une prison d'esclaves ; un peuple opulent et nombreux a cédé la place à un petit nombre d'étrangers intéressés, et à une troupe de misérables, qui sont les valets de ceux dont ils dépendent ; une place, autrefois si célèbre par l'étendue de son commerce, n'est plus qu'un simple lieu d'embarquement.

Voilà, en gros, le portrait de l'Alexandrie de nos jours. Elle ne mérite guère qu'on en donne une description dans les formes. Un voyageur ne sauroit pourtant se dispenser de cette tâche par rapport à lui-même. C'est le premier endroit où il débarque. Il y doit commencer à se faire aux usages et aux coutumes du pays, y apprendre à supporter les mépris d'un peuple grossier, s'y faire une idée des incommodités et des désagrémens qu'il peut se promettre en allant plus loin ; en un mot, faire comme le noviciat de son voyage en Egypte.

Toutes les marchandises qui entrent par le port d'Alexandrie, y paient un droit suivant la taxe que le Grand-Seigneur a imposée à ses sujets, ou bien suivant les conventions qu'il a faites avec les puissances de l'Europe, dont les sujets trafiquent dans cette ville, où, pour le bon ordre, elles entretiennent des consuls. Les marchands dont les souverains ne sont point en alliance avec la Porte, paient sur le même pied que ses propres sujets. Le pacha du Caire met, de deux ans en deux ans, cette douane à ferme au profit du Grand-Seigneur. Elle échoit ordinairement aux Juifs, parce qu'ils savent prendre les devants, soit par des présens, soit par des intrigues. Ils n'ont pas beaucoup de compétiteurs. Le marchand turc ne prétend pas à cette entreprise, de peur de paroître trop riche, et de courir les risques qui s'ensuivroient. Les Chrétiens savent d'avance que les avanies qu'on leur feroit, absorberoient bientôt tout le profit de la ferme. Ce ne sont donc que les Juifs qui y aspirent, et ils ont assez de jalousie entre eux pour enchérir les uns sur les autres.

Il peut y avoir à Alexandrie une

douzaine de marchands juifs aisés. Les autres ne commercent que sous eux, et vendent en détail ce que les riches font venir en gros. Ces derniers se rendent, par ce moyen, puissans dans leur nation, et la gouvernent presque en souverains. Les plus considérables d'entre eux sont presque tous étrangers et originaires de Constantinople, de Portugal ou de Livourne. Il ne faut pas s'imaginer pourtant que ceux d'Alexandrie soient les chefs des familles. Ceux-ci résident ordinairement à Livourne, d'où ils étendent leurs branches à Alexandrie, au Caire, à Alep, à Constantinople, à Tunis et à Tripoli, et, pour ainsi dire, dans toutes les villes commerçantes de la Méditerranée, sur-tout

dans le Levant. Ils n'ont ni priviléges particuliers, ni protection dé-
clarée, mais ils savent s'en procurer
par leurs intrigues. Ils s'attachent
toujours aux chefs du gouvernement qui demeurent au Caire. Il
en coûte, à la vérité, quelque
chose, mais ils s'en dédommagent
d'ailleurs ; car ils mettent si bien
cette protection à profit, qu'ils
l'emportent communément dans
les occasions où il y a quelque
chose à gagner. Cela leur donne
encore du relief parmi les Turcs,
et les garantit des avanies et des
insultes auxquelles d'autres nations,
plus privilégiées que la leur, sont
exposées.

Ce sont les Turcs qui ont en
main les rênes du gouvernement

Ils tiennent des garnisons dans les
deux Pharillons, et ils en ont encore une dans la ville même. Elle
consiste en un petit nombre de Janissaires et d'Assafs. Le gouverneur
qui commande est un Aga, et fait
sa résidence dans un des anciens
boulevards. Il y a aussi un cadi qui
juge dans les causes civiles: les autres
Turcs, qui demeurent à Alexandrie, sont, pour la plupart, des
artisans ou des gens qui tiennent
boutique. Il n'y a parmi eux qu'un
fort petit nombre de marchands.
Ceux-ci sont communément à leur
aise, quoiqu'ils ne le fassent pas
trop paroître.

Les Chrétiens coptes, grecs et
arméniens, qui sont du pays même,
se trouvent en assez grand nombre

à Alexandrie. Ils s'entretiennent à
peu-près sur le même pied que les
Turcs, avec cette différence qu'ils
sont généralement méprisés. Le pa-
triarche occupe dans cette ville la
chaire de St. Marc, quoiqu'il ré-
side ordinairement au Caire. Il se
dit successeur de ce saint apôtre et
évangéliste, et, à ce titre, il prétend marcher de pair avec le pape.

Tous les Européens reçoivent ici
la dénomination de Francs. Ceux
qui y demeurent, sont les Français et les Anglais. Les premiers se
flattent de se faire mieux respecter,
mais les derniers font peut-être un
meilleur commerce.

Les Français ont un consul dé-
pendant de celui du grand Caire.
La cour de France donne ordinairement

ment son plein pouvoir à son ambassadeur à Constantinople, et c'est lui qui pourvoit aux charges vacantes. Ce consul a, pour assistans, un chancelier et un drogman, chacun avec une commission de la cour comme lui. Le chancelier a soin de la correspondance, et juge les contestations qui s'élèvent entre les marchands et les capitaines qui conduisent ici des vaisseaux de la nation ; et le drogman se mêle des affaires qui concernent les intérêts des Français avec les Turcs.

Suivant les traités convenus entre les deux cours, les priviléges des Français sont assez considérables ; mais leur force est trop petite à Alexandrie, pour y pouvoir soutenir ces avantages. Ils n'y ont

qu'une douzaine de marchands,
dont un seul fait le commerce
pour son propre compte. Les autres
sont seulement les facteurs de différens marchands du Caire.

Il est d'usage parmi les Français
d'Alexandrie de témoigner un respect extrême à leur consul. Afin
même de le faire d'autant plus
valoir dans l'esprit des Turcs et
des autres nations, ils s'attachent
à donner une haute idée de sa
naissance et de sa personne. S'il
va par hasard à Rosette, il porte
pavillon blanc au mât de sa ver-
gue ; et quand il sort du port, ou
qu'il y rentre, il est salué d'une
décharge générale du canon des
vaisseaux français.

Il demeure avec la plus grande

partie de sa nation, dans un vaste hôtel, où il a une église et un chapelain. Il ne fait point de négoce, au moins ostensiblement; et il ne sort que très-rarement pour ne point exposer sa personne et son caractère.

Les Anglais n'ont à Alexandrie que deux marchands, dont l'un est le consul et dépend de celui du Caire. Ils se tiennent tranquilles et se conduisent, sans faire beaucoup de bruit. S'il s'agit d'entreprendre quelque affaire délicate, ils se tiennent à l'écart, et laissent aux Français l'honneur d'aplanir les difficultés. Quand il en résulte du bénéfice, ils y ont leur part; et si l'affaire tourne mal, ils se garantissent le mieux qu'ils peuvent.

Le commerce des Français est assez considérable à Alexandrie. Ils reçoivent chaque année plusieurs vaisseaux, sur lesquels ils chargent les marchandises, qui leur viennent du Caire. Les bâtimens dont ils se servent pour le commerce, sont des polacres, des barques et des tartanes.

Les Vénitiens et les Hollandais ont eu autrefois des établissemens et des consuls à Alexandrie; mais de grandes banqueroutes, faites par ces consuls mêmes, ont entièrement ruiné ce commerce. Les Turcs, qui n'entendent pas raillerie, quand il s'agit de leurs intérêts, ne veulent plus admettre aucun consul de ces deux nations, avant quelles les aient dédommagés des pertes qu'ils ont essuyées.

Durant le séjour que je fis à Alexandrie, j'allai, par manière de promenade, voir quelques endroits; qui n'en sont qu'à peu de distance. Je vis entr'autres dans ces courses :

1°. Le château de Bokkier , (1) situé sur une pointe, qui avance un peu dans la mer, entre la ville d'Alexandrie et la bouche occidentale du Nil. (*Voy.* pl. V.)

2°. La ville et le château de Rosette qu'on trouve à la droite, en entrant par cette même bouche du fleuve, (*Voy.* pl. VI.)

3°. Le village de Deruth , au

(1) C'est le lieu, désigné sur les cartes françaises, sous le nom d'Aboukir.

bord du Nil, au midi de Rosette,
et à l'orient d'Alexandrie.

Il n'est pas besoin d'avertir que
ces deux endroits sont situés dans
le Delta, ni de rechercher pour-
quoi la partie de la basse-Egypte,
renfermée entre la méditerranée,
et les deux bras du Nil, qui commencent à se former au Caire, a
eu le nom de Delta. Tous ceux qui
ont vu les cartes de ce pays, ou
qui ont lu les descriptions qu'on
en a données, se sont aisément
aperçus que l'origine de ce nom est
venue de la ressemblance, qui se
trouve entre ce terrain et la figure
triangulaire de la lettre grecque Δ.

On ne sera pas surpris si je ne
parle point de divers autres endroits. Je les passe sous silence ;

parce que je n'y suis point allé.
Rien ne me faisoit espérer d'y trouver des choses dignes d'attention.
Outre cela, il falloit me hâter pour
pénétrer dans la haute-Egypte,
ce qui étoit le but principal de
mon voyage et l'objet de ma curiosité.

Cependant, avant que de quitter
Alexandrie, je vais donner la manière dont un voyageur doit se
conduire en Egypte. J'avertirai
néanmoins, que ce que j'écris n'est
point pour ceux, qui y vont dans
le dessein de de faire quelque négoce, ou de chercher fortune. Mon
intention est uniquement d'instruire
ceux, qui, comme moi, vont en
Egypte, pour satisfaire leur curiosité, ou pour y faire des recher-

ches utiles à la république des Lettrés.

Je commence donc par dire que je me suis aperçu que dans l'E-gypte, on a besoin d'un bon banquier, qui serve d'hôté, et en quelque façon de protecteur. On s'imagine assez que dans un tel pays, il n'y a point d'auberges capables de recevoir ce qu'on appelle un honnête homme.

Je conseille ensuite de s'habiller à la turque ; car quoiqu'on puisse paroître à Alexandrie, vêtu à l'eu-ropéenne, il vaut beaucoup mieux se mettre comme les Francs, à la vue desquels on est déja fait. Une paire de moustaches, un air im-posant et grave, sont très-conve-nables ici : on en a plus de conformité avec les naturels du pays.

Un voyageur doit prendre un Janissaire à son service, et, s'il est possible, en choisir un, qui soit accoutumé à servir les Francs. On a des Janissaires pour peu de chose. Ils savent ordinairement ce qu'on appelle *Lingua Franca* (1). Ils accompagnent un voyageur partout où il lui est permis d'aller. S'ils rencontrent un homme de distinction, ils lui disent qui est celui qu'ils escortent; et s'ils voient accourir le menu peuple, ils l'écartent par des menaces.

Il n'est pas expédient qu'un voyageur pousse la curiosité, jusqu'à

_____

(1) La langue franque.

vouloir pénétrer dans les lieux, dont les Turcs ne permettent pas l'entrée , comme sont les forteresses et les mosquées. Peut-être parviendroit-il à persuader à son janissaire de l'y mener. Les gens de cette espèce ne sont pas à l'épreuve des présens : mais il y auroit toujours de l'imprudence à s'exposer. Je conseille donc de ne point s'entêter à vouloir visiter de semblables lieux, à moins qu'on ne soit fort assuré d'avance d'une permission de nature à garantir des hasards , et à moins qu'on ne soit convaincu que la chose en vaut la peine.

On n'a pas besoin de drogman, ou d'interprète , tant qu'on ne sort point d'Alexandrie. Si l'on a intention d'aller plus loin, il convient de se pourvoir au moins d'un valet, qui sache l'arabe.

Au cas que l'on trouve à Alexandrie quelque occasion de voyager en compagnie, soit avec des missionnaires, soit avec des marchands de quelque nation européenne, la partie ne doit pas être manquée : outre qu'on y trouve ordinairement l'avantage de la langue, on peut toujours faire plus de fonds sur le rapport de ces honnêtes gens, que sur celui d'un coquin de valet juif, ou grec, qui souvent a l'effronterie de supposer quelque danger, afin de se rendre plus nécessaire.

Avant que de quitter ce sujet, j'ajouterai une règle que l'on doit suivre à Alexandrie, et qui doit être exactement observée dans toute l'Egypte. C'est de ne jamais faire creuser au pied de quelque monument d'antiquité, ni de rompre aucun morceau de pierre de quelque ruine que ce soit. Il faut se contenter de voir ce qui est exposé à la vue, et les endroits où l'on peut grimper, ou ceux auxquels on peut parvenir en rampant. Un consul de France essaya de faire creuser auprès de l'obélisque de Cléopâtre, afin d'en avoir les justes dimensions. Il avoit eu soin d'en demander la permission qu'il n'avoit obtenue qu'avec difficulté. Malgré cela, il ne lui fut pas possible de venir à bout de son dessein. A mesure qu'il faisoit creu-

ser

ser, le jour, on fermoit, la nuit, le
trou qu'il avoit fait faire. Cette op-
position opiniâtre provenoit de ce
qu'en Egypte, grands et petits sont
persuadés que tous les monumens
antiques renferment quelque trésor
caché. Ils ne sauroient s'imaginer
qu'une pure curiosité engage les
Européens à passer en Egypte; et
ils sont si persuadés de notre avarice, qu'ils ne nous permettent
point de fouiller nulle part. Si l'on
s'avise de le faire en cachette, et
qu'ils viennent à s'en apercevoir,
ils regardent ceux qui l'ont fait
comme des voleurs. Ils soutiennent
qu'on s'est emparé du trésor qu'ils
supposoient dans cet endroit, et
qu'ils font monter à un prix excessif.

Il semble que les grands du pays,

infatués de cette opinion, ne devroient jamais cesser de fouiller dans la terre, et de détruire tous les restes d'antiquités. Plusieurs d'entr'eux s'y sont en effet appliqués; et des restes précieux de monumens antiques ont péri par-là. Mais comme ils n'ont rien trouvé, ils se sont à la fin lassés de la dépense. Ils ne se sont pas pour cela défait de leur folle idée : au contraire, ils y en ont joint une autre encore plus insensée, en supposant que ces trésors sont enchantés; qu'à mesure qu'on en approche, ils s'enfoncent dans la terre; et qu'il n'y a que les Francs, qui soient capables de lever ces charmes, car ils passent généralement en Egypte pour de grands magiciens.

Je ne dis rien du péril auquel un étranger s'expose, s'il a la foiblesse de s'engager dans quelque intrigue amoureuse. Je suppose qu'un homme qui va en Egypte, pour examiner des antiquités, doit être assez modéré, et assez retenu, pour n'avoir rien à craindre de ce côté-là. Si cependant, il se trouvoit quelqu'un, qui eût besoin d'antidote contre une si folle passion, il suffiroit de le renvoyer aux récits que tous ceux, qui ont fréquenté Alexandrie et le Caire, pourroient lui faire. Il apprendroit que de jeunes marchands ont été malheureusement assassinés dans ces deux villes ; que d'autres, après s'être ruinés, à force de faire des présens aux janissaires, pour

F 2

les engager à se taire, se trouvèrent à la fin trompés à tel point,
qu'au lieu d'avoir obtenu les fa-
veurs de quelques femmes de distinction, ils s'étoient abandonnés
aux plus viles des prostituées.

Enfin dans l'Egypte, on doit éviter encore plus qu'ailleurs, les occasions d'être insulté par les gens
du pays. Mais si malheureusement,
le hasard vouloit qu'on fût exposé
à leurs outrages, il est prudent
et sage de paroître ne pas y faire
attention. En tout cas, on en peut
venir jusqu'aux menaces : mais
qu'on se garde bien de frapper un
musulman. Si l'on étoit assez heureux pour échapper à la mort,
il en coûteroit tout ce que l'on auroit ; et ce qui seroit aussi cha-

grinant, les amis de celui qui auroit frappé , seroient engagés dans
l'affaire , et ne s'en tireroient qu'à
force d'argent. Si l'on vouloit absolument avoir satisfaction , il faudroit s'adresser au juge ; mais il
en coûteroit si cher , qu'on n'auroit pas envie d'y avoir recours
une autre fois.

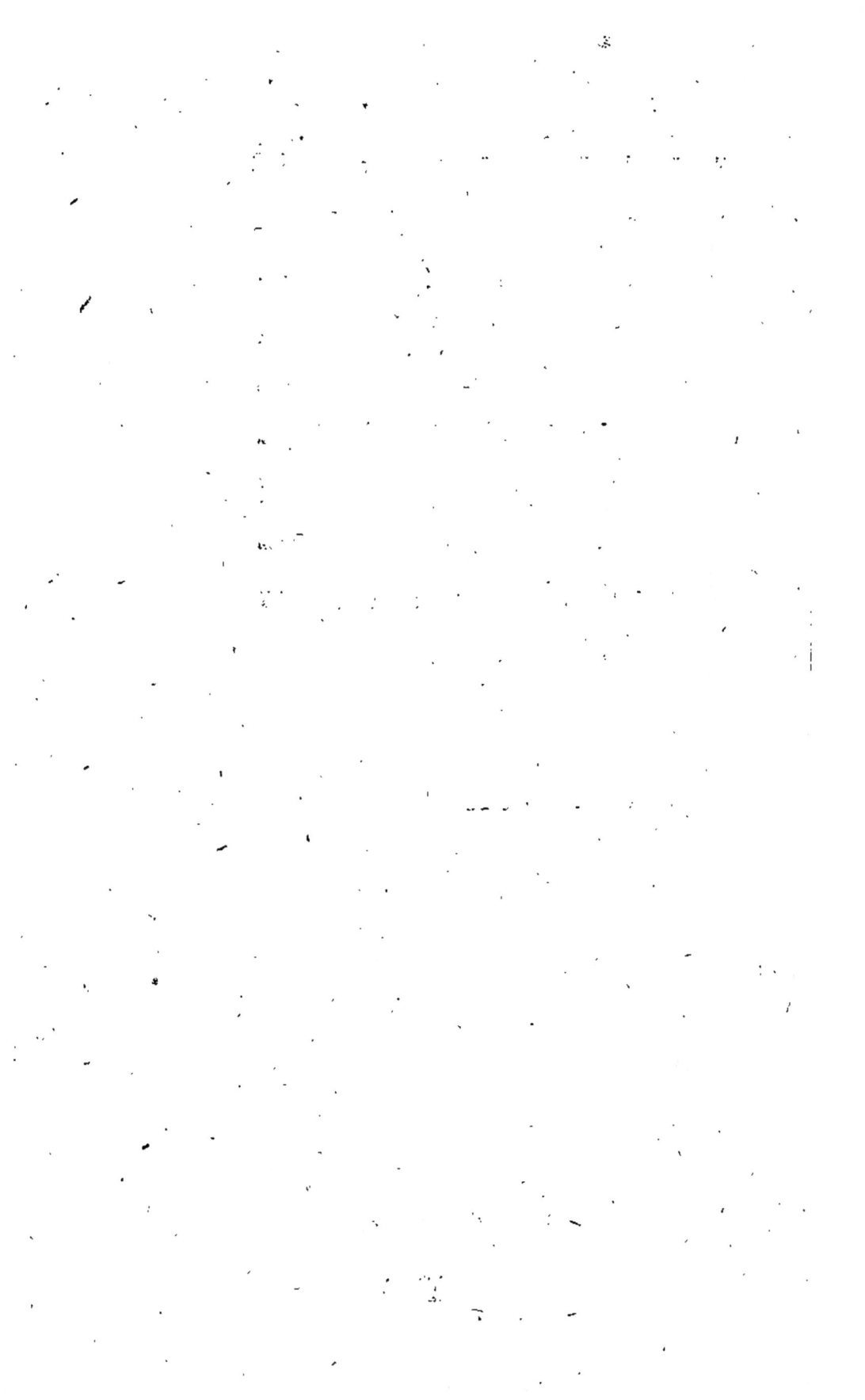

VOYAGE

D'ÉGYPTE

ET DE NUBIE.

TROISIÈME PARTIE,

Contenant la description du vieux et du nouveau Caire.

LE NOUVEAU CAIRE.

CETTE capitale de l'Egypte, qu'on appelle aussi, simplement le Caire, en arabe *Masser*, est située à l'orient du Nil, un peu au-dessus de l'endroit, où ce fleuve se partage en deux bras, pour former le Delta. Elle est divisée en deux villes; l'une

connue sous le nom de Vieux
Caire, et l'autre sous celui de Grand
Caire.

Cette ville est si connue par tant
de relations et descriptions, que je
me flatte qu'on me saura gré de ce
que je me dispense d'entrer dans
des détails circonstanciés, au sujet
de son origine, de son circuit, du
nombre de ses habitans, de ses édifices, etc. Cependant je ferai quelques remarques qui peut-être ne
paroîtront pas indignes d'attention.

La première de ces remarques
concerne la cérémonie, qui se pratique chaque année, lorsqu'il est
question de couper la digue du
Calisch, qui dans le temps de l'accroissement des eaux du Nil, doit

les conduire au Grand Caire, et qui dans la campagne, ne ressemble qu'à un fossé mal entretenu, car il n'a ni revêtement de maçonnerie, ni même de bord marqué.

Dès que les eaux commencent à croître, on ferme l'embouchure du Calisch, par le moyen d'une petite digue de terre, qu'on y élève, et l'on y pose une marque, qui doit indiquer le temps de l'ouverture de ce canal, et de tous les autres canaux de l'Egypte.

Lorsque le jour est arrivé, le Pacha et les Beys se rendent en grand cortège à la cérémonie de l'ouverture de la digue. Ils se placent sous un pavillon qui est à côté. Les coptes et les Juifs sont employés à couper la digue. Quelques malheureux, qui sont dans une méchante barque, jettent dans l'eau, qui entre, des noisettes, des melons, et autres fruits, tandis que le Pacha fait jeter quelques paras, et allume un feu d'artifice d'une vingtaine de fusées. Enfin, toutes ces réjouissances, si vantées par quelques voyageurs, aboutissent, à peu de chose près, à ce qu'on pourroit voir à la noce d'un paysan à l'aise. Ce qui pourroit absolument attirer la curiosité, c'est le cortège des grands, qui ne laisse pas d'avoir quelque chose de magnifique.

Le peuple dans ces rencontres, fait mille folies pour témoigner la joie qu'il a de ce que l'accroissement du Nil lui promet la fertilité du pays et l'abondance de la moisson. Les danses les plus lascives sont les moindres marques de son allégresse, et il ne se passe guère d'années que quelqu'un ne perde la vie au milieu de ces ré-jouissances.

La seconde remarque que j'ai à faire, regarde le fameux puits de Joseph. La bouche de ce puits a dix-huit pieds de largeur, sur vingt-quatre de longueur. Sa profondeur est de deux cent soixante et seize pieds, depuis la roue supérieure jusqu'au fond de l'eau. Cette pro-fondeur est partagée en deux temps. Au bout de cent quarante-six pieds on rencontre un repos ou pallier, sur lequel on puise l'eau du fond, par le moyen d'une seconde roue à chapelets de cruches de terre. Ce second carré n'a que quinze pieds de longueur sur neuf de largeur, et ce dernier nombre de hauteur. Tout le puits est taillé dans le roc, et l'on a pratiqué, d'espace en espace, des fenêtres pour donner du jour. De la seconde roue jusqu'au fond, règne un autre escalier, ou une descente, de la même figure, si ce n'est qu'elle n'est pas si large que la première; puis qu'elle n'a que trois à quatre pieds de largeur, et six de hauteur; encore n'a-t-elle point de parapet aux côtés. Au bas de cette dernière descente, est le bassin, où la source de l'eau, qui n'a que neuf à dix pieds de profondeur. Le goût de cette eau est un peu salé; aussi ne s'en sert-on pour boire qu'en cas de siège, ou dans quelque autre nécessité.

LE

LE VIEUX CAIRE.

CETTE ancienne ville est située au bord du grand canal qui sépare l'île de Rodda, de la terre ferme. Sa longueur, à compter depuis la machine qui élève l'eau de l'aqueduc jusqu'au Bazar, est d'un quart de lieue de France ; et sa plus grande largeur, à la prendre depuis l'hospice jusqu'au canal, est de cinq cents pas ordinaires. Le reste est assez inégal, et ses extrémités se terminent par des maisons seules.

La plus grande partie de ses bâtimens, si l'on en excepte les habitations des ouvriers, consiste en des maisons de plaisance, (*Voy.* les

Tome I.   G

pl. VII, VIII et IX.) où les grands
et les personnes de distinction du
Caire, vont se divertir, dans la saison où les eaux du Nil ont pris
leur accroissement. Mais les jardins sont en grand nombre ; et des
dattiers, ainsi que des treilles de
vignes, y occupent beaucoup de
place.

Il peut y avoir au vieux Caire,
une demi-douzaine de mosquées,
ornées de minarets. Les Juifs y ont
une synagogue ; les catholiques ro-
mains, un hospice, occupé par les
pères de la Terre-Sainte ; les Coptes,
une contrade, avec diverses églises,
et entre autres, celle, où est la
grotte, dans laquelle une tradition
veut que la Vierge se soit reposée,
lorsqu'elle se retira en Egypte ; et

les pères de la Terre-Sainte paient aux Coptes , une certaine somme , par an , pour avoir le privilége de dire la messe dans cette grotte , quand ils le souhaitent.

La *Maison d'eau* est un ouvrage des Sarrasins: Elle peut avoir servi anciennement de palais. Aujourd'hui l'on y voit quatre moulins à chapelets de méchans pots de terre. Des bœufs les font mouvoir ; et c'est ce qui fournit d'eau l'aqueduc , qui la conduit au château du grand Caire. Le tout est construit de pierres de taille.

Un des plus considérables édifices est le *grenier de Joseph* (1) Il occupe une grande place, ceinte

(1) Ainsi nommé du nom d'un Visir.

G 2

d'une muraille tout à l'entour ; et
l'on a pratiqué en dedans diverses
séparations. On y dépose le blé
qu'on paie pour tribut au Grand-
Seigneur , et qu'on y apporte des
divers cantons de l'Egypte. Ce blé,
qui y demeure tout à découvert,
nourrit chaque jour , une grande
quantité de tourterelles et d'autres
oiseaux, qui viennent le piller. Du
reste ce grenier n'a rien d'antique,
quoique son nom paroisse en im-
poser. Ses murs sont la plupart du
temps des Sarrasins. On y a employé quelques pierres de taille ;
mais la plus grande partie est cons-
truite de mauvaises briques et de
boue , comme on en use tous les
jours au Caire , pour bâtir.

Les maisons de plaisance des

Grands-Seigneurs n'ont rien qui réponde à leur nom. Ce sont de grands sallons, mal disposés, avec trois ou quatre divans en dedans. Ces divans mêmes ne sont que de petits trous qui forment une espèce de labyrinthe, et ont ce seul avantage, qu'ils procurent au maître la commodité de voir ses femmes et ses esclaves, sans que l'une puisse s'apercevoir de ce qui se passe chez l'autre.

Aux environs du vieux Caire, sur-tout du côté de l'orient, on ne découvre rien d'agréable à la vue. Ce sont des collines stériles, qui semblent être formées de cendres et de décombres.

On peut dire que la ville est entièrement ouverte, car elle a seulement, du côté du levant, un peu de muraille, qui subsiste, depuis le temps des Sarrasins. Cela ne sauroit guère servir à sa défense. On en a fait un autre usage. On y a pratiqué des places, où les paysans apportent la volaille, et les autres denrées qu'ils ont vendre.

Le canal, qui est entre le vieux Caire et l'île de Rodda, (1) a été creusé de toute ancienneté. Il commence au Bazar, et finit auprès de la maison d'eau. On passe tout cet espace à pied sec, lorsque les eaux du Nil sont basses : mais quand ce fleuve s'est enflé, on y voit voguer toutes sortes de bâtimens,

(1) Ou Roudhah.

et même jusqu'à des barques. Sa largeur est de deux cents pas ordinaires, et sa longueur d'un quart de lieue de France.

Il peut y avoir un quart de lieue du vieux Caire à l'enceinte du grand Caire, et une demi‑lieue du vieux Caire à Boulac.

Ce bourg s'entretient du voisinage du grand Caire, dont il est comme l'entrepôt et le hâvre. Il est situé à l'orient du Nil; et il a, au nord le Calisch, qui, comme je l'ai déja remarqué, conduit l'eau du Nil au grand Caire.

Au milieu de ce fleuve, entre le vieux Caire et Gizé, se trouve l'île de Rodda, qui est presque aussi longue que le vieux Caire, lorsqu'elle n'est pas inondée dans sa

pointe septentrionale ; mais dans
le temps de l'inondation , elle perd
un quart de son étendue. Elle peut
avoir dans son milieu , cinq cents
pas de largeur. L'extrémité septentrionale se termine en pointe ;
et la face du Mokkias occupe toute
la largeur de la partie méridionale.

Presque toute l'île est distribuée
en jardins , et n'a d'autres habitans que des jardiniers , avec les
ouvriers qui leur sont nécessaires
pour leur travail.

Le Mokkias , (*Voyez* Pl. X.)
ou Mekkias , ouvrage des Sarrasins , fait son principal ornement.
Il tire son nom de l'usage auquel on l'a consacré ; car Mokkias signifie *mesure*. On y ob-

serve effectivement, chaque jour, par le moyen de la colonne gra-duée, l'accroissement ou la dimi-nution des eaux du Nil ; et c'est sur cela que les crieurs publics fondent les proclamations, qu'ils font de ces événemens, à diffé-rentes heures, par la ville.

Son bassin est dans une tour carrée, environnée d'une galerie, qui a diverses fenêtres, et qui est terminée par une voûte à l'ara-besque. On lit à l'entrée du Mok-kias, l'inscription suivante, écrite en arabe :

L'entrée de ce lieu témoigne, qu'il n'y a point d'autre Dieu qu'un Dieu ; et que Mahomed est l'envoyé de Dieu.

A côté du Mokkias, mais tou-

jours dans le même rang de bâtimens ; on voit une grande mosquée ; et à côté de cette mosquée,
vers l'occident, un escalier, pour
descendre à l'eau. C'est sur cet
escalier que le peuple fait ses ob-
servations, car le Mokkias est fermé,
et l'on n'en permet que bien diffi-
cilement l'entrée.

Le reste des bâtimens, qui accompagnent le Mokkias, est des-
tiné pour ceux qui le déservent,
et pour les gens de la mosquée.

Quelques personnes prétendent
que c'est sur cette île que Moïse
fut exposé par sa mère, et
sauvé par la fille de Pharaon.
On seroit pourtant bien fondé à
révoquer en doute cette opi-

nion, parce que l'île de Rodda n'a pas toujours été telle qu'elle se trouve aujourd'hui. Le canal qui la sépare du vieux Caire, le fait assez voir. En outre, la ville de Memphis étoit de l'autre côté du Nil; et il n'est point dit que la fille de Pharaon eût traversé ce fleuve.

Pour ne pas interrompre la description du Caire et de ses dépendances, je passerai tout de suite à Gizé, dont j'ai déja fait mention. C'est un assez grand village, situé sur la rive occidentale du Nil, vis-à-vis du vieux Caire et de l'île de Rodda. Il n'est bâti que de briques et de boue, et n'a pour tout ornement, que quatre à cinq minarets de mosquées, avec

quelques dattiers. Il s'y fait beaucoup de pots de terre et de tuiles,
qui réussissent assez mal, et sont
toujours sans vernis, chose dont les
Egyptiens ne connoissent pas bien
l'usage.

Si l'on s'en rapporte à quelques
auteurs, la ville de Memphis étoit
située dans l'endroit où est aujourd'hui le village de Gizé ; et j'a-
voue que ce sentiment ne manque
pas de vraisemblance. Mais en y
faisant bien attention, on trouve,
ou qu'il faudroit rabattre beaucoup de la grandeur de cette ancienne capitale de l'Egypte, ou
hausser extrêmement les plaines
des environs. En effet Gizé n'occupe pas la moitié de la place du
vieux Caire ; et les plaines qui
règnent

règnent à l'entour, ne manquent jamais d'être inondées dans le temps du débordement des eaux du Nil. Est-il croyable qu'on ait bâti une ville si grande et si fameuse, dans un endroit sujet à être sous l'eau la moitié de l'année ? encore moins peut-on s'imaginer que les auteurs anciens aient oublié une circonstance si particulière ?

A une demi-lieue au midi du vieux Caire, on voit la grande Mosquée d'Atter Ennabi, située sur une pointe au bord oriental du Nil. Les mahométans ont une grande vénération pour cette mosquée, parce qu'une tradition veut qu'O-mar, premier calife, en descendant dans l'endroit, où elle a depuis été fondée en son honneur, y laissa sur un marbre l'empreinte de son pied. Elle n'a d'ailleurs rien d'extraordinaire , ni en dedans, ni en dehors , si ce n'est un cor- ridor de colonnes antiques, mais si mal rangées que souvent les chapiteaux , renversés dessus des- sous, servent de piédestaux, et que les piédestaux sont employés pour servir de chapiteaux.

Tout auprès de la mosquée d'Atter-Ennabi , et du côté du midi, est situé le village de Deir- Etiin. (*Voyez* Pl. XII.) Il y a une mosquée , et il s'y trouve un cou- vent de chrétiens coptes. Les mai- sons sont d'une mauvaise construc- tion, et presque toutes bâties de boue. Un bout du village touche au Nil, et l'autre s'étend vers les montagnes, qui n'en sont guère éloignées que d'une lieue. Ce qui embellit le plus ce village, ainsi que la plus grande partie des autres, ce sont les dattiers, sorte d'arbres que l'on élève ordinairement en grande quantité.

On prétend que le nom de *Deir-Etiin*, signifie *couvent de figues*. Je remarquerai, à cette occasion, qu'on a en Egypte diverses espèces de figues ; mais s'il y a de la différence entr'elles, une espèce particulière diffère encore davantage. J'entends celle que porte le sycomore, qu'on nomme en arabe *giomez*.

Le sycomore est de la hauteur d'un hêtre, et porte ses fruits d'une manière toute différente des autres arbres. Il les a au tronc même, qui pousse de petits rejetons en forme de grappes, au bout desquelles viennent les fruits. Ces fruits croissent presque comme des raisins. L'arbre est toujours vert, et donne du fruit plusieurs fois dans l'année, sans même observer des temps certains; car j'ai vu des sycomores qui ont porté du fruit, deux mois après d'autres. Ce fruit a la figure et l'odeur des véritables figues; mais il leur cède pour le goût, ayant une douceur désagréable. Sa couleur est d'un jaune tirant sur l'ocre, ombré de couleur de chair. En dedans, il ressemble aux fruits ordinaires, si ce n'est qu'il a un coloris noirâtre, avec des taches jaunes. Le sycomore est assez commun en Egypte ; et le peuple, pour la plus grande partie, croit bien se régaler, quand il a une couple de figues de cet arbre, un morceau de pain, et une cruche d'eau du Nil.

Il ne pleut que rarement en Egypte. L'Auteur de la nature a disposé si sagement les choses, que le manque de pluie est heureusement remplacé par l'inondation régulière, qui s'y fait, et qui y revient tous les ans.

Rien n'est plus connu que cette inondation ; mais aussi, rien sur quoi on se méprenne davantage, que sur la manière dont elle se fait ; et sur la façon dont on cultive après cela a terre.

Les auteurs qui ont entrepris des descriptions de l'Egypte, ont cru ces deux articles, si généralement connus, qu'ils ne sont presque entrés dans aucune particularité. Contens d'avoir dit que la fertilité du pays dérive uniquement de cette inondation annuelle du Nil, ils s'en sont tenus là ; et ce silence a donné occasion de croire que l'Egypte est un paradis terrestre, où l'on n'a besoin, ni de labourer la terre, ni de la semer, tout étant produit comme de soi-même, après l'écoulement des eaux du Nil. On s'y trompe bien ; et j'oserois avancer sur ce que j'ai vu de mes propres yeux, qu'il n'y a guère de pays, où la terre ait un plus grand besoin de culture.

La sécheresse est si grande en Egypte, que le terrain n'a pas seulement besoin d'une inondation générale, il demande encore, que, quand les eaux du Nil commencent à baisser, on ne les laisse pas s'écouler trop promptement. Il faut donner le temps aux terres de s'en imbiber et de s'en abreuver.

Cette nécessité avoit fait chercher les moyens de pouvoir retenir l'eau, et de la conserver pour l'arrosement des terres. Les anciens y avoient réussi à merveille. Jadis on voyoit tout le terrain, dans une beauté florissante, jusqu'au pied des montagnes ; mais le laps du temps, et les diverses désolations dont l'Egypte a été affligée, ont tout fait tomber dans une telle déca-

dence, que, si une extrême nécessité n'obligeoit les Arabes à travail-
ler, ce pays, dans moins d'un
siècle, se trouveroit réduit à un
aussi triste état que la petite Bar-
barie, au voisinage des cataractes,
où l'on ne laboure, et ne cultive
guère que l'espace de vingt à trente
pas de terrain, au bord du fleuve.

Ces moyens consistent en digues,
et en *calischs*, ou canaux, que l'on
coupe, ou que l'on creuse, dans
les endroits, où le bord du Nil est
bas. On les conduit jusqu'aux montagnes à travers des provinces entières, de sorte que, quand le Nil
croît, ses eaux entrent dans ces
calischs, qui les introduisent au-
dedans du pays, à proportion de
la hauteur du fleuve.

Quand il est parvenu à son point d'élévation, et qu'il a répandu ses eaux sur la surface de la terre, c'est alors qu'on pense à les retenir durant quelque temps, afin que les terres aient le loisir de s'abreuver suffisamment. Pour cet effet, on pratique des digues appelées *gisser*, qui empêchent que l'eau ne s'écoule, et l'arrêtent autant de temps qu'on juge à propos. Enfin, quand la terre est assez arrosée, on coupe le *gisser*, pour faciliter l'écoulement des eaux.

Tout le bonheur et le bien d'une province dépend de la bonne direction des calischs ; mais comme chacun cherche à en tirer du profit, jusque-là que le Bey de Gizé, en retire actuellement plus de cinq cents bourses, par an, les calischs tombent dans une grande décadence, ce qui est cause que la fertilité de la terre diminue à proportion.

La conquête de l'Egypte, faite dans une seule campagne, par Sélim premier, empereur des Turcs, le rendoit absolument maître de ce pays, mais ne lui donnoit pas une entière sureté de l'obéissance de ses habitans. La haute-Egypte surtout, qui n'avoit point senti la force du bras du vainqueur, et qui étoit gouvernée par plusieurs princes Arabes, ne l'avoit reconnu pour maître, que dans la vue d'éviter la désolation du pays. Le conquérant ne l'ignoroit pas; et il jugeoit bien que ceux, que sa présence retenoit sous le joug, lui échapperoient bientôt, lorsqu'il se seroit retiré, à moins qu'il n'y mît ordre, en établissant une forme de gouvernement capable de lui assurer la possession du pays, et de le défendre en cas de besoin.

Depuis la fondation de la monarchie Ottomane, on avoit pour maxime générale, à la Porte, qu'en fait de gouvernement, il ne falloit pas trop s'attacher aux règles de l'équité, et qu'on devoit plutôt se porter aux dernières cruautés, que de souffrir la moindre offense, faite au pouvoir souverain.

Sélim étoit de caractère à suivre, au pied de la lettre, cette maxime barbare ; mais comme il ne voyoit pas l'Egypte suffisamment subjuguée, et que lui-même étoit appelé ailleurs avec ses troupes, il jugea que pour se délivrer de toute crainte, et prévenir les révolutions, il convenoit d'établir une forme de gouvernement de nature à pouvoir, avec le temps, réduire ce pays au point qu'il le souhaitoit, par le moyen du peu de Turcs qu'il y laisseroit.

Pour cet effet, il créa un Pacha, à qui il déféra le commandement entier de l'Egypte. Le pouvoir de cet officier étoit despotique, et il n'avoit à rendre compte de sa conduite, qu'à l'empereur seul, selon le bon plaisir de qui, il devoit être changé, ou d'année en année, ou de deux ans en deux ans. Vingt-quatre Beys (1) furent établis en même

(1) Ils furent depuis réduits à dix-huit. *Niebuhr.*

temps.

temps. Leur charge consistoit à gouverner les provinces, où ils agissoient aussi despotiquement que le Pacha dans tout le royaume. Ils étoient à la nomination de ce même Pacha, qui avoit droit de les rappeler, comme lui-même pouvoit l'être par la Porte Ottomane. Un d'eux étoit obligé d'accompagner le *carats*, ou tribut, que l'on envoie tous les ans à Constantinople : un autre étoit tenu de conduire la caravane à la Mecque ; et ceux qui se trouvoient hors d'emploi, dévoient assister, une fois par semaine, au Divan, ou conseil du Pacha, afin d'y apprendre les ordres du Grand-Seigneur, et de convenir des moyens les plus faciles et les plus promps de mettre ces

ordres à exécution. En cas que
l'Egypte envoyât son contingent,
ou d'autres troupes à l'empereur,
quelques Beys devoient se trouver
à la tête ; et la charge de grand
chamelier ne pouvoit être exercée
que par l'un d'eux. Le titre de *Bey*,
ou de *Beg*, leur restoit toute leur
vie ; mais les diverses charges qu'on
leur confioit, n'étoient que pour
un temps, et selon le bon plaisir du
Pacha.

Il semble, par ce qui vient d'être
dit, qu'en Egypte, le pouvoir souverain est entre les mains du Pacha,
et que tout autre commandement
est partagé entre les différens Beys ;
mais si l'on fait attention que ce
Pacha n'est en charge qu'un ou
deux ans, et qu'il n'a point les

troupes à sa disposition , il y aura beaucoup à rabattre de cette idée.

En effet , Sélim , après avoir ainsi disposé des premières charges du gouvernement, et après s'être défait des mamlouks , introduisit une milice sur le même pied que celle des Turcs, et la fixa à un certain nombre d'hommes , qui furent pour la plupart levés dans l'Egypte même , et entre-mêlés seulement de quelques autres , tirés des diverses provinces de l'empire , et de quelques-uns des Turcs, qui étoient restés dans le pays. Ces milices furent divisées en différentes classes militaires, qui sont d'usage dans l'empire Ottoman , et qui sont connues sous le nom de *Portes*. Mais comme il n'y a que celle des Janissaires et des Assaffs , qui se fassent considérer , et que les autres même se font passer le plus souvent pour être d'un de ces corps , je les omets volontiers , afin de pouvoir parler plus amplement des deux portes en question.

Ces deux corps de milice ne diffèrent que dans leur nombre , qui quelquefois même est plus grand dans l'un que dans l'autre. Du reste leur gouvernement et leur discipline se ressemblent entièrement. Cela n'empêche pas qu'ils ne vivent dans des jalousies continuelles; et, selon toutes les apparences, la faute vient de la part des janissaires, qui, se croyant plus formidables, en deviennent plus fiers; car quoique, par rapport à la valeur, ils le cèdent beaucoup à ceux de Constantinople , ils ne laissent pas de s'honorer infiniment de leur nom , et de mépriser les autres corps.

Chaque porte a un Aga à sa tête. Cet officier n'est point nommé par le Pacha. Il faut qu'il soit élu par le corps même , et qu'il soit ensuite revêtu du caffetah , ou brevet du Grand-Seigneur. Il se mêle uniquement des intérêts de sa porte : il assiste au grand Divan : il préside au conseil de son propre corps , et il a sous lui de moindres officiers, appelés *Kiaja* , ou *Kieche* , et *Sious.*

On entend par Kiaja, une espèce de colonels, qui entrent encore au Divan du Pacha, et sont

I 3

quelquefois des gens de grande importance. Ils forment ensemble une
compagnie, et deux d'entr'eux sont
choisis, chaque année, pour va-
quer aux affaires de leur porte.

Les Sious, ou têtes-noires, sont
de moindres officiers, qui ne laissent pas que d'avoir leur part dans
le gouvernement, selon l'intérêt
qu'ils savent y prendre. Il y en a
dans chaque porte quelques cen-
taines.

Pour achever ce que j'ai à dire
en général sur le gouvernement
militaire de l'Egypte, j'observerai
que Sélim ne jugea pas à propos de
conserver aucune armée navale
dans le pays, et que, par consé-
quent, on n'y en doit point chercher aujourd'hui.

On pourroit presque en dire autant des places fortes ; mais comme dans toute l'Egypte, il peut encore subsister une demi - douzaine de châteaux fortifiés, il faut bien leur faire l'honneur d'en dire quelques mots, quoiqu'en effet Sélim ait ruiné tout ce qui étoit en état de se défendre.

Ces châteaux ont des garnisons, composées de janissaires et d'assaffs ; et ceux qui les commandent prennent le titre d'Aga. Ils ont des subalternes, nommés *Schorbatschies*, qui forment avec eux le Divan. Leur pouvoir ne s'étend de droit, que sur les forteresses, où ils commandent ; mais pour peu qu'ils soient intéressés, ils trouvent adroitement les moyens de passer leurs limites,

et de s'ingérer dans toutes les affaires du voisinage.

Chaque place a un Cadi, ou juge,
qui termine les procès par des sen-
tences, presque toujours en dernier
ressort et sans appel. Il agit pourtant avec quelque circonspection,
de crainte que les parties n'aient
des amis assez puissans, pour le
traduire devant un tribunal supérieur.

Il y a au Caire, outre le Cadi,
un grand-maître de police, nommé
Houali, qui y fait à peu près la
même figure que nos grands pré-
vôts font à l'armée. Les marchés publics, les poids et les mesures sont
de sa compétence, et si quelqu'un
tombe en contravention, ses satel-
lites savent rendre une prompte

justice. Il se promène souvent en personne, tant de jour que de nuit, par la ville; et comme il est accompagné d'une cinquantaine de bourreaux, et qu'il a pouvoir de vie et de mort, sans être tenu de rendre compte de ses actions, sa présence impose un très-grand respect. Heureusement on peut s'apercevoir, de bien loin de sa venue. Chacun a soin alors de se cacher, ou de se glisser dans une autre rue.

J'ai déja dit que les Beys étoient chargés du gouvernement des provinces: la règle n'est cependant pas si certaine qu'elle ne souffre des exceptions. Plusieurs endroits n'ont qué des Cacheffs, ou des Caymakans. Les premiers gouvernent trois ou quatre villages à-la-fois; et les derniers n'en gouvernent qu'un. Mais les uns et les autres y jouissent des mêmes priviléges qu'un Bey dans sa province.

En fait de religion, l'Egypte est gouvernée par un *Mouffti* et par les docteurs de la loi. Ce sont eux qui jugent dans les causes spirituelles. Ils prennent encore quelque part au gouvernement séculier ; mais ils ont la politique de se prêter adroitement, tantôt à une faction, tantôt à l'autre, restant toujours attachés à celle qui a le dessus, du moins pour tout le temps qu'elle l'emporte sur les autres.

Je ne dois pas oublier de parler des princes Arabes, et de dire de quelle façon ils se gouvernent, et quels moyens on emploie pour les réduire à l'obéissance. Ce sont, je l'avoue, deux articles bien critiques et bien difficiles à décrire. Je tâcherai pourtant de le faire, et je ne désespère pas d'y réussir, en suivant les lumières que j'ai pu acquérir dans le pays.

Les Arabes qui se trouvent dans le Delta, et au-dessus du Caire, jusqu'à Benesœff, se divisent en *Felaques* et en *Bédouins*. Les premiers sont des paysans, qui font leur demeure dans des villages, et qui sont entièrement assujétis au gouvernement. Les autres sont des Arabes, distribués en petites troupes, chacune avec un chef, appelé *Schech* (Chaik). Ils habitent toujours sous des tentes; et chaque peloton forme un petit camp. Comme ils n'ont aucun terrain à eux, ils changent de demeure aussi souvent que bon leur semble. Quand ils se fixent quelque part pour un certain temps, ils font accord, avec le Bey, le Cacheff, ou le Caïmakan, et ils achètent pour une année entière, la permission de cultiver une certaine portion de terre, ou d'y faire paître leurs troupeaux, pour le temps dont ils sont convenus. Ils y demeurent alors tranquillement, vont et viennent dans les villages, ou villes voisines, vendent et achètent ce que bon leur semble, et jouissent de toute la liberté qu'ils peuvent desirer. Ils sont même moins vexés que les autres sujets du Grand-Seigneur ; car comme ils n'ont rien, on ne peut rien leur prendre;

prendre ; et si l'on prétendoit les in-
quiéter d'ailleurs, la chose entraî-
neroit sans doute de dangereuses
conséquences.

Ce seroit un grand avantage pour
l'Egypte, si tous les Arabes vou-
loient agir aussi régulièrement que
ceux dont il vient d'être question.
Le pays, qui ne manqueroit plus
de laboureurs, se verroit cultivé :
les officiers du gouvernement rece-
vroient exactement les tribus, et
pourroient subvenir d'autant plus
aisément à ceux qu'ils sont tenus de
payer au Grand-Seigneur ; mais ces
Bédouins sont trop inconstans, et
quelquefois trop fripons, pour mener long-temps une vie si unie.
Quand ils ont fait quelque escapade
et qu'ils craignent la justice, ou

Tome I.   K

quand on leur a fait du tort, ils plient d'abord bagage, décampent, et complotent avec d'autres camps. Ils grossissent ainsi leur nombre; et après s'être choisi un bon chef, ils vont prendre quartier dans tel endroit du pays, qu'ils le jugent à propos. Ils ne prennent plus soin alors de cultiver le terrain : ils moissonnent seulement ce qu'ils y trouvent. Les gouverneurs cherchent d'abord à s'y opposer, et quelquefois ils les réduisent; mais le plus souvent les Bédouins leur résistent, et ne se retirent point qu'ils n'aient tout désolé. Ces pillages ruinent les Felaques, qui se voient hors d'état de payer leur tribut; et comme le Grand-Seigneur ne connoît point de non-valeurs, c'est au Pacha, ou aux autres officiers , à trouver les moyens propres , pour amasser les sommes nécessaires , afin de faire bon pour ceux qui ne peuvent pas payer.

On a presque tous les ans de ces sortes de petites guerres. Lorsqu'elles ne sont pas de durée, la perte , que causent les Bédouins peut être supportable ; mais si une de leurs troupes s'est une fois bien établie dans un endroit , elle fait d'abord beaucoup de tort aux voisins, et finit par détacher de la juridiction du gouvernement le terrain , dont elle s'est emparée, et elle prétend le posséder , sans en payer aucun tribut.

On a divers exemples de ces sortes d'usurpations ; et même, dans le temps que j'étois en Egypte, il y eut un de ces Schechs de Bédouins, qui donna bien de l'inquiétude au gouvernement. Il s'étoit mis en possession d'un terrain très-fertile, et il y campoit avec les siens, au nombre de quatre à cinq mille hommes. On s'étoit opposé dans le commencement à son entreprise; mais comme il avoit été assez heureux pour remporter quelques avantages sur le Bey de Girgé, il se trouvoit, de mon temps, si bien affermi, que sa troupe, fixée dans le lieu, cultivoit tranquillement les terres dont elle s'étoit emparée. Le gouvernement fut obligé d'en venir avec elle à des termes d'accommodement, afin d'empêcher qu'elle ne s'étendît plus loin, et de faire en sorte qu'elle laissât ses

voisins en repos. Ces nouveaux sujets ne paient tribut qu'à leur chef
seul ; et c'est une perte pour le gouvernement , qui se trouve privé du
revenu de ces terres.

Les Bédouins d'Ouladjeche , vis-
à-vis de Benesœf , ont une origine
semblable. Ils ont su si bien se
maintenir dans leurs terres , qu'ils
vivent maintenant dans une entière
indépendance. Ils se sont même
rendus si redoutables , qu'il n'y a
point de Turc assez hardi , pour
aller chez eux. Les risques seroient
trop grands. Les Arabes de ce can-
ton ne leur font aucun quartier. Ils
reçoivent tous les transfuges ; et il
n'y a ni prières , ni menaces , qui
puissent les engager à les livrer au
gouvernement.

K 3

Une autre sorte d'Arabes habite les montagnes, vis-à-vis d'Ell-Guzoué. Ce sont des brigands, qui volent également et sur la terre et sur l'eau. Ils ne sont pas en grand nombre, et le Bey de Girgé est continuellement à leur poursuite. Malgré cela ils se soutiennent, au grand préjudice de la navigation sur le fleuve.

J'ai cru qu'il étoit nécessaire de donner cette idée des Arabes, afin qu'on ne les confondît pas avec ceux de la haute-Égypte, dont je vais parler maintenant, et qui, depuis la conquête de Sélim, se sont conservé la possession, et même en quelque sorte, la souveraineté de leur pays.

Des princes Arabes, nommés

aussi *Schechs*, possèdent toute cette partie de l'Egypte, qui s'étend des deux côtés du Nil, depuis Girgé, jusqu'à Essouan (1). Ils sont tributaires du Grand - Seigneur, et quand le père vient à mourir, le fils qui lui succède, est obligé de payer au Pacha quelques bourses, par manière de reconnoissance. Cela s'appelle acheter les terres de son père mort. Si un père cède, de son vivant, des domaines à son fils, celui-ci n'est point tenu à ce paiement, tant que son père est en vie.

Ces princes règnent en souverains

(1) Anciennement Syèné. C'est sous ce dernier nom que M. Bruce la désigne toujours.

sur leurs sujets, et sont si jaloux de
leur pouvoir, qu'ils ne souffrent pas
que le Bey de Girgé entre sur leurs
terres sans en avoir premièrement
obtenu la permission ; et il n'y a
point d'exemple qu'ils la lui aient
accordée que pour aller à Kenné,
où le Bey doit assister à une fête,
ou pour se trouver à une confé-
rence qu'ils souhaitent d'avoir avec
lui, dans quelques cas extraordi-
naires.

On compte un grand nombre de
ces princes Arabes, mais on regarde
comme les plus considérables, ceux
de *Negadi*, d'*Achmiin*, d'*Esna*
(ou d'*Esné*), de *Farcinth*, de
Nichée, de *Berdis* et d'*Uladjéche*.
Ils tiennent souvent des assemblées,
afin de prendre les mesures les plus

propres pour leur conservation, et
pour régler les differends, qui peuvent naître parmi leurs sujets, et
même entr'eux. Ils les terminent
ainsi, souvent à l'amiable; mais s'il
se trouve des parties trop entêtées,
la querelle finit par une guerre ouverte.

Ils ne permettent point, en cas
de guerre entr'eux, que le gouvernement envoie des troupes à l'une,
où à l'autre partie ; ils ne sauroient
néanmoins empêcher, que, par des
voies obliques, il ne retire certains
avantages de leurs querelles. En
effet, celui qui a le dessus, peut
toujours se promettre que les Turcs
lui susciteront de mauvaises affaires,
et le brouilleront tellement avec ses
voisins, qu'il ne pourra jamais se

relever ; et s'il arrive que tous deux soient épuisés par la guerre, le gouvernement ne manquera pas de les accabler l'un et l'autre.

On entrevoit aisément la politique, dont le Turc se sert pour les réduire : c'est en semant la division parmi eux. Non-seulement, les différends que ces princes ont entr'eux, mais encore les prétentions que les enfans forment quelquefois à la succession de leur père, donnent prise au Turc, et le mettent en état de leur nuire.

Le cas arrivant, par exemple, qu'un père laisse dix enfans après lui et qu'il n'ait pas fixé la succession sur la tête d'un seul, l'affaire est portée au Caire, où le Pacha ne manque pas de décider que la succession sera

partagée entre tous les frères. Ceux-
ci n'étant jamais contens d'une pareille sentence, et le Pacha ne se
trouvant pas en état de la faire exé-
cuter par la force; les frères cherchent à soutenir mutuellement leurs
prétentions, par la voie des armes;
et les vainqueurs se voient obligés
d'avoir de nouveau recours au Pacha, pour être confirmés dans la
possession de leurs domaines, ce
qu'ils n'obtiennent pas sans qu'il
leur en coûte beaucoup d'argent.
Outre cela, le Pacha en prend occasion de hausser le tribut que ces
princes doivent à la Porte.

Il ne faut pourtant pas s'imaginer que tout cela aille aussi vîte que
je viens de le raconter. Ces sortes
de procès durent quelquefois deux

ou trois générations, et dans cet intervalle, ils changent souvent de face, selon les différentes conjonctures, qui surviennent, ou dans le gouvernement, ou dans le pays. Si le Pacha est bien affermi, il sait réveiller à propos de vieilles contestations, ce qui est une source d'argent pour lui; et si, d'un autre côté, le prince Arabe se trouve dans une bonne situation, il se met fort peu en peine des difficultés que le Pacha, ou la régence, peut lui faire.

Ceux des princes Arabes, qui se trouvent assez puissans pour se faire respecter, sont ordinairement flattés et recherchés par les Beys et par les autres officiers des portes, qui ont quelque part dans le gouvernement. Les charges de ceux-ci étant

étant sujettes à de fréquentes révolutions , ils tâchent, pendant qu'ils
sont en place, de se faire des amis,
afin de trouver chez eux une sûre
retraite , en cas que la situation de
leurs affaires les oblige à chercher à
se mettre en sureté.

———

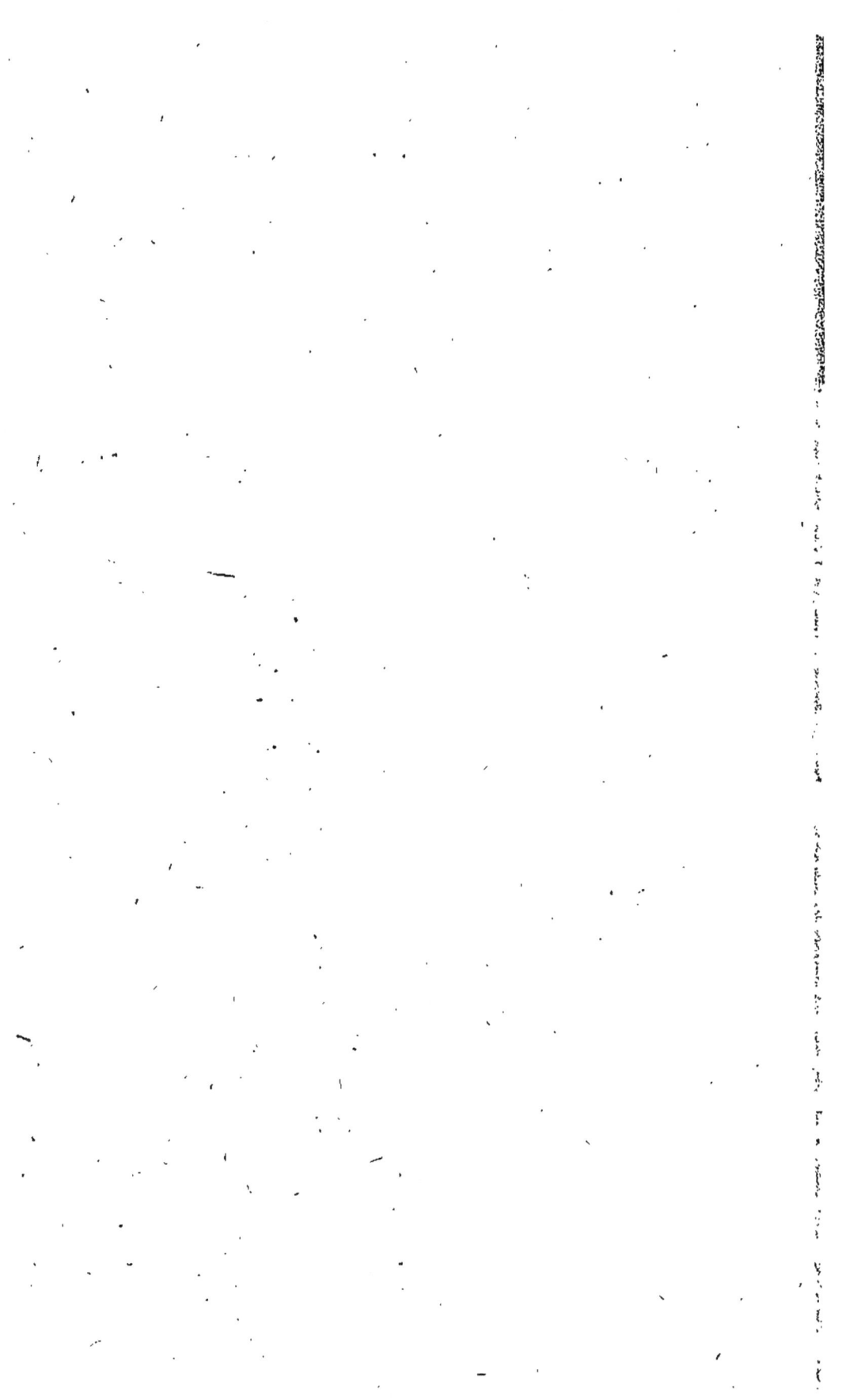

VOYAGE

D'ÉGYPTE

ET DE NUBIE.

QUATRIÈME PARTIE,

Contenant la description des Pyramides.

Avant que de quitter le Caire et ses environs, je ne saurois me dispenser de parler des monumens les plus dignes de la curiosité de ceux qui voyagent en Egypte : j'entends les pyramides, qu'on a mises autrefois au nombre des sept merveilles du monde, et qu'on admire encore aujourd'hui, depuis le Caire jusqu'à Maïdoun.

Les pyramides ne sont point fondées dans des plaines, mais sur le roc, au pied des hautes montagnes, qui accompagnent le Nil dans son cours, et qui font la séparation entre l'Egypte et la Lybie.

Elles ont toutes été élevées pour servir de sépultures ; mais leur architecture, tant intérieure qu'extérieure, est bien différente, soit pour la distribution, soit pour la matière, soit pour la grandeur.

Quelques - unes sont ouvertes ; d'autres sont ruinées ; et la plus grande partie en est fermée ; mais il n'y en a point qui n'ait été, plus ou moins, endommagée.

On conçoit aisément qu'elles

n'ont pu être élevées dans le même temps. La prodigieuse quantité de matériaux nécessaires, en fait sentir l'impossibilité. La perfection avec laquelle les dernières sont fabriquées, le témoigne également; car elles surpassent de beaucoup les premières en grandeur et en magnificence. Tout ce qu'on peut avancer de plus positif, c'est que leur fabrique est de l'antiquité la plus reculée, et qu'elle remonte même au-delà des temps des plus anciens historiens, dont les écrits nous aient été transmis.

Il me paroît probable que l'origine des pyramides a précédé celle des hiéroglyphes; et comme on n'avoit plus la connoissance de ces caractères, dans le temps que

L 3

les Perses firent la conquête de l'Egypte, il faut absolument faire remonter la première époque des pyramides, à des temps si reculés dans l'antiquité, que la chronologie vulgaire ait peine à en fixer les années.

Si je suppose que les pyramides, même les dernières, ont été élevées, avant que l'on eût l'usage des hiéroglyphes, je ne l'avance pas sans fondement. Qui pourroit se persuader que les Egyptiens eussent laissé ces superbes monumens sans la moindre inscription hiéroglyphique, eux, qui, comme on le voit par-tout, prodiguoient les hiéroglyphes sur tous les édifices de quelque importance? Or, on n'en aperçoit aucun, ni au de-

hors, ni au dedans des pyramides,
pas même sur les ruines des temples de la seconde et de la troisième : n'est-ce pas une preuve que
l'origine des pyramides précède
celle des hiéroglyphes, que l'on regarde néanmoins comme les premiers caractères, dont on se soit
servi en Egypte ?

Il règne parmi le peuple, qui habite aujourd'hui l'Egypte , une
tradition , qui veut qu'il y ait eu
anciennement dans le pays, des
géans , et que ce furent eux qui
élevèrent , sans beaucoup de peine,
les pyramides , les vastes palais, et
les temples , dont les restes causent
notre admiration. Cette fable ne
mérite pas d'être réfutée.

Les principales pyramides sont

à l'est-sud-est de Gizé , village situé
sur la rive occidentale du Nil ;
et comme plusieurs auteurs ont
prétendu que la ville de Memphis
étoit bâtie dans cet endroit , cela
fait qu'on les appelle communément *les pyramides de Memphis.*
(*Voyez* Pl. XIII et XIV.)

Il y en a quatre qui méritent la
plus grande attention : car, quoiqu'on en voie sept à huit autres
aux environs , celles – ci ne sont
rien en raison des premières, sur-
tout depuis qu'elles ont été ouvertes , et presque entièrement ruinées. Les quatre principales sont
presque sur une même ligne dia-
gonale, et distantes l'une de l'autre , d'environ quatre cents pas.
Leurs quatre faces répondent pré-

cisément aux quatre points cardi-
naux.

Les deux pyramides les plus sep-
tentrionales sont les plus grandes,
et ont cinq cents pieds de hauteur
perpendiculaire. Les deux autres
sont bien moindres ; mais elles ont
quelques particularités qui sont
cause qu'on les examine et qu'on
les admire.

Le plan des pyramides, que j'ai
levé, fait voir de quelle manière
elles sont élevées sur le roc, au
pied des montagnes. Ce roc ne s'é-
tant pas trouvé par-tout égal, on
l'a aplani avec le ciseau ; et cette
plaine artificielle a un talus du
côté du nord, et du côté de l'o-
rient, ce qui favorisa de ce dernier côté, la construction de di-

verses levées, qui donnoient le
moyen de transporter commodément les matériaux nécessaires pour
les pyramides. Cette plaine peut
avoir quatre-vingts pieds d'élévation perpendiculaire au-dessus de
l'horison des terres, qui sont toujours inondées par le Nil; et elle
a une lieue danoise de circonférence.

Quoique cette plaine soit un roc
continuel, elle est pourtant couverte d'un sable volant, que le
vent y apporte des hautes montagnes des environs. On trouve dans
ce sable, quantité de coquillages et
d'huîtres pétrifiées, chose d'autant
plus surprenante que le Nil ne
monte jamais assez haut pour inon-
der cette plaine; et quand il y

parviendroit, il ne pourroit pas
en être regardé comme la cause,
puisque ce fleuve ne roule, ni
n'a dans tout son cours, aucun
coquillage. D'ailleurs on auroit à
demander d'où viennent ces coquillages de la même espèce, que
l'on remarque jusque sur les pyramides? J'ajouterai que dans ce
quartier, l'on trouve de ces célè-
bres cailloux, qui, par la singula-
rité de leurs couleurs, sont beaucoup plus estimés que l'agate, et
dont on fait au Caire, des taba-
tières et des manches de cou-
teaux.

La plus septentrionale de ces
grandes pyramides est la seule qui
soit ouverte. Il faut en être fort
près, pour pouvoir distinguer l'é-

tendue de cette masse énorme. Elle est ainsi que les autres, tant grandes que petites, sans fondemens artificiels : la nature les lui fournit par le moyen du roc, qui en lui-même est assez fort pour supporter ce poids, véritablement immense.

L'extérieur de la pyramide est, pour la plus grande partie, composé de grandes pierres carrées, taillées dans le roc, qui est le long du Nil, et où, encore aujourd'hui, on voit les grottes d'où on les a tirées. La grandeur de ces quartiers de pierres n'est pas égale, mais ils ont tous la figure d'un prisme. L'architecte les a fait tailler de la sorte, pour être mis l'un sur l'autre, et pour être comme collés ensemble. On diroit que chaque

que rang doit former un degré autour de la pyramide : mais il n'en est pas ainsi, en effet. L'architecte a seulement observé la figure pyramidale, sans s'embarrasser de la régularité des degrés.

Ces pierres ne sont pas, à beaucoup près, aussi dures qu'on pourroit se l'imaginer. Elles doivent proprement leur conservation au climat, qui n'est pas sujet à des pluies fréquentes. Malgré cet avantage, on observe, principalement du côté du nord, qu'elles sont vermoulues. Leurs diverses assises extérieures ne sont jointes que par le propre poids des pierres, sans chaux, sans plomb, et sans ancres d'aucun métal. Mais, quant au corps de la pyramide, qui est rempli de pierres

Tome I.   M

irrégulières , on a été obligé d'y
employer un mortier , mêlé de
chaux , de terre et d'argile. On
le voit clairement à l'entrée du second canal de cette première pyramide , qu'on a forcée pour l'ouvrir.

On n'aperçoit pas la moindre
marque qui prouve qu'elle ait été
revêtue de marbre. Il est vrai qu'autour de cette pyramide et des autres, on voit quantité de petits morceaux de granit et de marbre blanc;
mais selon moi , cela ne dit pas
que les pyramides en aient été re-
vêtues. On avoit employé ces sortes
de matériaux , au dedans , et à des
temples qui étoient au dehors.

Celle que je décris , est à trois
lieues de chemin du vieux Caire.

Son entrée est du côté du nord. A
ses quatre angles, on connoît aisément que ses pierres les plus basses
sont les premières pierres angu-
laires et fondamentales; mais de là
jusqu'au milieu de chaque face, le
vent a formé un glacis de sable,
qui, du côté du nord, monte si
haut, qu'il donne la facilité de parvenir commodément jusqu'à l'entrée de la pyramide.

Cette entrée, de même que celles
de toutes les autres, a été pratiquée sous la doucine de la pyramide, environ à quarante-huit
pieds au-dessus de l'horizon, et un
peu plus à l'est qu'à l'ouest. Pour
la découvrir, on a coupé la pente
de la pyramide jusque-là. Elle conduit successivement à cinq diffé-

rens canaux , qui , quoique cou-
rant en haut , en bas , et horizontalement , vont tous pourtant vers
le midi , et aboutissent à deux chambres , l'une au-dessous , et l'autre
au milieu de la pyramide.

Tous ces canaux , à l'exception
du quatrième , sont presque de
même grandeur , savoir , de trois
pieds et demi en carré. Ils sont tous
aussi d'une même fabrique , et re-
vêtus , des quatre côtés , de grandes
pierres de marbre blanc , tellement
polies , que ces degrés seroient im-
praticables , sans l'artifice dont on
s'est servi ; et même quoiqu'on y
trouve présentement , de pas en
pas , de petits trous coupés pour y
assurer les pieds, il en coûte encore
assez de peine pour avancer ; et

celui qui fait un faux pas peut compter, qu'il retournera à reculons malgré lui, jusqu'à l'endroit d'où il est parti.

Quand on a passé les deux premiers canaux, on rencontre un reposoir, qni a, à main droite, une ouverture, pour un petit canal, ou puits, dans lequel on ne rencontre, à l'exception d'un autre petit reposoir, que des chauves-souris. Après y avoir souffert beaucoup d'incommodités, on a le désagrément de ne point voir sa dernière sortie, à cause du sable qui la bouche.

Du premier reposoir dont j'ai parlé, le troisième canal mène à une chambre de grandeur médiocre, remplie, à moitié, de pierres, qu'on a tirées de la muraille à droite,

M 3

pour y ouvrir un autre canal, qui aboutit près de là à une niche. Cette chambre a une voûte en dos d'âne, et est par-tout revêtue de granit, autrefois parfaitement poli, mais aujourd'hui extrêmement noirci par la fumée des flambeaux dont on se sert pour visiter ce lieu.

Après être retourné par le même chemin, on grimpe jusqu'au quatrième canal, pourvu de banquettes de chaque côté. Il est très-haut, et a une voûte, presque en dos d'âne.

Le cinquième canal conduit jusqu'à la chambre supérieure; et, à moitié chemin, on rencontre un petit appartement, un peu plus haut que le canal, mais qui n'est pas plus large. Ce canal a, de chaque côté, une incision, pratiquée dans la pierre, apparemment pour y faire couler les carreaux, destinés à fermer l'entrée de la chambre, qui, comme la précédente, est re-vêtue et couverte de grandes pierres de granit.

On trouve, au côté gauche, une grande urne, ou pour mieux dire, un sarcophage de granit, qui a simplement la figure d'un paral-lélipipède, sans aucun ornement d'ailleurs. Tout ce qu'on en peut dire, c'est que cette pièce est fort bien creusée, et qu'elle sonne comme une cloche, quand on la frappe avec une clef.

Au nord du sarcophage, on aper-çoit un trou assez profond, fait depuis que le bâtiment de la pyramide est achevé. La raison n'en est pas connue : il est à présumer qu'il s'est trouvé au-dessous quelque cavité ; car il semble que le pavé est tombé de lui-même, après que le fondement de la chambre aura été enfoncé.

Il n'y a pas autre chose à voir dans cette chambre, si ce n'est deux fort petits canaux, l'un du côté du nord, l'autre du côté du midi. Il n'est pas possible d'en déterminer l'usage, ni la profondeur, parce qu'ils sont bouchés de pierres que les curieux y ont jetées, pour tâcher de connoître jusqu'où ils vont.

Les trois autres grandes pyramides, comme je l'ai déja remarqué ci-dessus, sont situées presque

sur la même ligne que la précédente, et peuvent être à environ
cinq à six cents pas l'une de
l'autre.

Celle qui est la plus proche de
la première, et qu'on appelle communément la seconde, paroît plus
haute ; mais cela vient du fondement qui se trouve plus élevé ;
car elles sont toutes deux de même
grandeur. Elles ne diffèrent guère
entr'elles, qu'en ce que la seconde
est si bien fermée, qu'on n'y aperçoit pas la moindre trace, qui indique qu'elle ait été ouverte. Son
sommet est revêtu, des quatre
côtés, de granit, si bien joint et si
bien poli , que l'homme le plus
hardi n'entreprendroit pas d'y monter.

Du côté de l'orient, on voit les ruines d'un temple, dont les pierres sont d'une grandeur prodigieuse ; et du côté de l'occident, à environ trente pieds de profondeur, il y a un canal, creusé dans le roc, sur lequel pose la pyramide, ce qui fait connoître qu'il a fallu baisser le roc d'autant, pour former la plaine.

La troisième pyramide est moins haute de cent pieds que les deux premières ; mais elle leur ressemble entièrement pour la construction. Elle est formée comme la seconde et sans revêtement. On trouve au nord-est quantité de grandes pierres; mais il est à croire qu'elles ont plutôt servi au temple qu'à la pyramide. Le temple, situé aussi du côté oriental, est plus reconnoissable dans ses ruines. Les pierres en sont également d'une grandeur prodigieuse, et l'on s'aperçoit que l'entrée étoit du côté de l'orient.

Quant à la quatrième pyramide, elle est encore de cent pieds, moindre que la troisième. Elle est aussi sans revêtement, fermée, et semblable aux autres, mais sans temple, comme l'est la première. Elle a pourtant une chose digne de remarque : son sommet est terminé par une seule et grande pierre, qui semble avoir servi de piédestal. Du reste, elle se trouve située hors de la ligne des autres, étant un peu plus à l'ouest.

Ces quatre grandes pyramides sont environnées de quantité de plus petites, qui pour la plupart ont été ouvertes. Il y en a une dans laquelle j'ai observé un puits de trente pieds de profondeur. Tout le reste est rempli de sable et de pierres.

Environ à trois cents pas, à l'orient de la seconde pyramide, on remarque la tête colossale du fameux Sphynx.

On découvre aussi aux environs des pyramides des grottes sépulcrales ; et sur quelques-unes d'elles, j'ai observé des hiéroglyphes, qui prouvent que ces sépultures n'ont été pratiquées que long-temps après la fondation des pyramides. Elles sont toutes ouvertes et vides. J'en visitai plusieurs, mais je n'y vis que la moitié d'une petite idole, en poterie, et telle que celles qu'on

qu'on trouve encore aujourd'hui,
en grande quantité, aux environs
des pyramides voisines de Sakarra,
dans le quartier, qu'on appelle *la
terre des Momies.*

Pour aller voir les pyramides,
on choisit la saison de l'hiver, c'est-
à-dire depuis le mois de novembre,
jusqu'à la mi-avril. La campagne
se trouve alors desséchée de toutes
parts; au lieu qu'en été, l'inondation du Nil rend inaccessible la
plus grande partie des antiquités.
D'ailleurs, les Arabes, dans cette
saison, descendent des montagnes,
pour camper le long du fleuve;
et comme la justice n'a pas alors
là facilité de les approcher, ils ne
se font pas scrupule de dépouiller
les étrangers.

Tome I.   N

Si l'on part du Caire , on fait le
voyage en un ou deux jours. Avant
d'arriver au terme , on passe par
un petit village , près duquel il y a
ordinairement un camp d'Arabes.
On en prend deux , qui aient la
connoissance des pyramides.

Quand on se trouve à l'ouverture
de la première , on tire quelque
coups de pistolet pour en chasser
les chauve-souris , après quoi on
fait entrer les deux Arabes, afin
d'écarter le sable qui bouche presque entièrement le passage.

Ces préambules nécessaires , ter-
minés , on a la précaution de se
déshabiller entièrement , et l'on ôte
jusqu'à la chemise , à cause de l'ex-
cessive chaleur , qui règne dans
la pyramide. On entre en cet état

dans le canal, et chacun tient une bougie à la main ; car on n'allume point les flambeaux qu'on ne soit dans les chambres, de crainte de causer trop de fumée.

Lorsqu'on est parvenu à l'extrémité du canal, où le passage est forcé, on trouve une ouverture, qui a, à peine, un pied et demi de hauteur et deux pieds de largeur. C'est cependant par - là qu'il faut passer, et on le fait en rampant. Le voyageur se couche ordinairement par terre ; les deux Arabes, qui ont pris les devants, saisissent chacun une de ses jambes, et l'entraînent ainsi à travers le sable et la poussière. Heureusement ce passage n'est que de deux aunes de longueur, sans quoi il seroit insupportable pour quelqu'un qui n'y seroit pas accoutumé.

Après qu'on a passé ce détroit, on rencontre une grande place, où ordinairement on prend haleine, en usant de quelques rafraîchissemens, ce qui donne le courage de pénétrer dans le second canal.

Ces canaux, comme on l'a dit, sont très-glissans ; mais, de pas en pas, on y a taillé des trous ronds, qui font qu'on avance assez commodément, quoique toujours courbé.

Au bout du second canal, il y a un reposoir, à la droite duquel est l'ouverture qui donne l'issue dans le puits, non par le moyen de quelques degrés, mais par un tuyau perpendiculaire , qu'on descend , à peu près comme un ramoneur dans une cheminée.

A l'extrémité du reposoir commence le troisième canal , qui conduit à la chambre inférieure. Il court horizontalement et en ligne droite.

On rencontre au-devant de la chambre, quelques pierres dont le chemin est embarrassé , et le dedans en est pareillement couvert. Quiconque prétendroit examiner le chemin d'où on les a tirées , s'exposeroit à la même cérémonie que celle qui se fait , en passant du premier canal au second ; car c'est un passage forcé , étroit et peu fréquenté. Il n'y a que très-peu de personnes qui aient la curiosité d'y

entrer ; car on sait que ce chemin
ne va pas loin , et qu'il n'y a rien
à y voir qu'une niche. Lorsqu'on
a fait la visite de la chambre intérieure, on retourne sur ses pas ,
long   du canal horizontal , pour
gagner le reposoir , qui prive le
quatrième canal de son angle aigu ,
par lequel il touchoit au second
canal , et oblige de monter en s'ac-
crochant avec les pieds à quelques
entailles , faites de chaque côté du
mur. C'est de cette manière que
l'on gagne le quatrième canal qui
va en montant. On s'y glisse en
rampant ; car, quoiqu'il ait vingt-
deux pieds de hauteur , et des banquettes de chaque côté , il est si
roide et si poli, que si l'on vient à man-
quer les trous creusés pour faciliter

la montée , on descend à reculons,
et l'on retourne jusqu'au reposoir.

Ces difficultés surmontées, on se
repose un peu au bout du canal,
où l'on rencontre une petite plate-
forme. Il faut ensuite recommen-
cer à grimper. Cependant , comme
on trouve d'abord une nouvelle ouverture, où l'on peut se tenir debout, on oublie bientôt cette peine ,
pour y contempler cette espèce
d'entre-sol , qui n'est d'abord que
d'une palme plus large que les canaux , mais qui s'élargit ensuite des
deux côtés ; et enfin en se baissant
pour la dernière fois , on passe le
reste du cinquième canal, qui conduit , en ligne horizontale au salon
supérieur dont on a donné la description.

Quand on est dans ce salon, on tire ordinairement quelques coups de pistolet, pour se procurer le plaisir d'entendre un bruit pareil à celui du tonnerre; et comme on perd alors l'espérance de rien découvrir au-delà de ce que les autres ont déja remarqué, on reprend le chemin par où l'on est venu, et l'on s'en retourne de la même manière, et avec la même peine.

Dès qu'on est sorti de la pyramide, on s'habille, on se couvre bien, et l'on boit un bon verre de liqueur; ce qui préserve de la pleurésie que pourroit causer le changement subit d'un air extrêmement chaud à un air plus tempéré. Quand on a repris sa chaleur naturelle, on monte sur la pyra-

mide, afin de contempler le char-
mant paysage des environs. On
aperçoit là, ainsi qu'à l'entrée et
dans les chambres, les noms de
quantité de personnes, qui, en différens temps ont visité cette première pyramide.

Après avoir bien considéré celle-
ci, on la quitte, et l'on s'approche
de la seconde que l'on a bientôt
examinée aussi, parce qu'elle n'est
pas ouverte. On y contemple les
ruines du temple qu'elle a du côté
de l'orient; et de là descendant insensiblement au Sphynx, on admire sa grandeur énorme, en con-
cevant une sorte d'indignation
contre ceux qui ont eu l'indignité
de maltraiter étrangement son nez.
On visite de même les autres py-

ramydes, tant grandes que petites, ainsi que les grottes du voisinage.

Si l'on veut encore une autre matière à satisfaire sa curiosité, on n'a qu'à s'approcher des deux ponts antiques, situés à l'est quart nord-est de Gisé (*Voyez* Pl. XIV.), et au nord quart d'ouest des pyramides. Ils sont élevés dans une plaine, tous les ans inondée par le Nil, et éloignés d'environ une demi-lieue des montagnes, et à égale distance de la première pyramide. On n'en connoît point aujourd'hui l'usage. Leur fabrique et les inscriptions qu'on y lit, témoignent que ce sont des ouvrages des Sarrasins. Celui qui va du nord au sud a six aunes, sur deux cent quarante et un pieds de longueur, et vingt pieds quatre pouces de largeur. Leur hauteur au-dessus de l'horizon est de vingt-deux pieds. Ils sont faits de grandes pierres de taille, très-molles.

Ces deux ponts, distans l'un de l'autre de quatre cents pas, se joignent par une muraille de briques, en façon de digue, et qui reprend à l'extrémité de chaque pont, mais n'aboutit à rien.

Je joindrai ici la description des pyramides de Dagjour, nom que l'on donne à toutes les pyramides, qui sont au midi de celles de Memphis, quoique les unes ne soient proprement qu'une suite des autres.

Les pyramides de Dagjour finissent auprès de Maidoun, où se trouve la plus méridionale de toutes.

Plus on est éloigné, plus elle frappe la vue ; mais dès qu'on en approche, elle ne paroît pas de grande importance , n'étant bâtie que de grandes briques cuites au soleil. C'est par cette raison que les Turcs et les Arabes l'appellent communément *la fausse pyramide*. On la découvre de fort loin, et d'autant plus distinctement qu'elle n'est pas si près des montagnes , ni dans le voisinage des autres pyramides. Elle est élevée sur une petite colline de sable. Ses quatre côtés sont égaux, et descendent en pente jusqu'à l'horizon , en forme de glacis. Elle a trois ou quatre degrés dont le plus bas peut avoir vingt pieds de hauteur perpendiculaire.

Cette pyramide n'a point été ouverte;

verte ; et elle sera , sans doute,
désormais à l'abri de cette insulte,
parce qu'elle n'a que très-peu d'ap-
parence.

Parmi les autres pyramides de
Dagjour, dont la plus grande partie
est située près de Sakara, il n'y
en a que deux, qui méritent quelque attention. L'une de celles-là
a été ouverte ; mais comme on peut
considérer plus commodément et
avec plus de sureté , l'intérieur de
la grande pyramide , voisine du
Caire, il y a peu de voyageurs,
qui s'exposent à aller visiter celles
de Saccara. On y en compte une
vingtaine, tant grandes que petites,
qui ne présentent pas un désagréable
aspect.

Ces pyramides sont toutes situées

Tome I. O

au pied des montagnes; et il semble que la nature ait, tout exprès, ménagé, dans cet endroit, une plaine pour leur emplacement. En effet on n'en trouve point dans toute l'Egypte de pareille. Non-seulement elle est fort vaste, mais elle est encore si élevée au-dessus de l'horizon ordinaire, que le Nil ne l'inonde jamais. Quand on en considère bien la situation, on se persuade aisément que c'est à-peu-près l'endroit, où étoit bâtie l'ancienne ville de Memphis; et j'oserois presque conjecturer que les pyramides dont il s'agit, étoient comprises dans l'enceinte de cette capitale.

Quoi qu'il en soit, les pyramides de Dagjour ne diffèrent point de celles qui sont vis-à-vis du Caire. Elles

ont pourtant souffert davantage ,
puisqu'elles se trouvent plus endommagées, ce qui fait présumer qu'elles
sont plus anciennes. Il y en a deux
qui ne leur cèdent point en grandeur ; mais leur fabrique n'est ni
si propre , ni si bien entendue que
celle des autres. Quelques - unes
sont bâties perpendiculairement, et
comme par degrés, ou par étages.
Il ne seroit pas néanmoins possible
d'y monter, parce que chaque degré, ou étage, est de trente à quarante pieds de hauteur.

FIN DU PREMIER TOME.

.

www.ingramcontent.com/pod-product-compliance
Lightning Source LLC
Chambersburg PA
CBHW052052090426
42739CB00010B/2145